The Mysterious Lighthouse – Der geheimnisvolle Leuchtturm

von Petra Steckelmann

Langenscheidt
München · Wien

Lektorat: Barbara Müller
Muttersprachliche Durchsicht: Elizabeth Langeron
Zeichnungen: Anette Kannenberg
Umschlaggestaltung: init.büro für gestaltung, Bielefeld

www.langenscheidt.de

Satz: Franzis print & media GmbH, München
Druck: Stürtz GmbH, Würzburg

ISBN 978-3-468-20804-1

10012

Inhalt

Die Wette 5
Spuk im Leuchtturm? 13
Erste Erkundungen 22
Am Tag danach 29
Das Orakel 36
Die verborgene Grotte 47
Plötzlicher Kälteeinbruch 60
Stille über dem Meer 66
Fliegende Boten 77
Die Rückkehr 86
Geschichtsunterricht mal anders 95
Im Schatten der Zeder 103
Eine sensationelle Entdeckung 117

Die Wette

Jahnes Gedanken kreisten um die Ereignisse der letzten Wochen. Es hatte sich so vieles in ihrem Leben geändert, seit sie mit ihren Eltern aus Hamburg an die Südküste Englands nach Eastbourne gezogen war. Sie erinnerte sich noch genau an den Tag, an dem sie Tom und Sophie, ihre neuen Freunde, das erste Mal sah.

Jahne versuchte gerade, den schweren Karton mit ihren Büchern aus dem Umzugswagen zu hieven, als die zwei neugierig in den Wagen schauten.

"Can we help you?", fragten sie wie aus einem Mund.

"I'm Tom and this is my sister Sophie!", stellte Tom sie beide vor. Er überragte seine jüngere Schwester um eine ganze Kopflänge. Unter seinen strohblonden Haaren beherrschten zwei lachende Augen das sonnengebräunte Gesicht. Sophie wirkte auf den ersten Blick etwas zurückhaltender, aber genauso freundlich. Ihr langes, braunes Haar war zu einem ordentlichen Pferdeschwanz gebunden, der bei jeder Bewegung fröhlich mitwippte.

"Yes, please!", freute sich Jahne. "You can help me take this **stuff** into the house. **By the way**, I'm Jahne."

---

stuff Zeug
by the way übrigens

"Where shall we put the boxes?", wollte Tom wissen.
"Please put them **at the bottom of the stairs**, my dad will bring them up to my room **later**." Jahne winkte ihrem Vater zu, der in diesem Moment aus dem Küchenfenster des neuen Hauses schaute und sich den Schweiß von der Stirn wischte.
Als endlich der letzte Karton im Haus verstaut war, gab es für alle einen großen Eisbecher mit Sahne. Schwatzend setzten sich die drei in den Garten hinter dem Haus. Mit Sophie verstand Jahne sich auf Anhieb. Sie horchte sie sofort über die Schule aus, in die sie ab dem folgenden Montag gehen würde. Jahne fand es zwar doof, die letzten Wochen vor den Sommerferien noch eine neue Schule zu besuchen, aber ihre Mutter hatte gemeint, dann würde sie doch schon mal ein paar ihrer neuen Klassenkameraden kennenlernen und sich besser einleben. Außerdem hätte sie so die Möglichkeit, ihr Schulenglisch aufzubessern, bevor die ersten Tests anstanden. Und so wie es aussah, hatte sie mit allem recht behalten.
Gleich an diesem ersten Abend war Jahne am Meer spazieren gegangen und hatte den alten Leuchtturm entdeckt. Er war schon lange nicht mehr in Betrieb und niemand kümmerte sich um das alte Gemäuer.

---

at the bottom of the stairs unten an die Treppe
later später

Salzwasser hatte das Fundament aus dicken Granitquadern an der Seeseite stark angegriffen. Das verwitterte Geländer um den Turm konnte man gerade noch erkennen. Auch die alte Holzbank, von der aus man einen weiten Blick über das Meer hatte, war marode und zerbrechlich.

Sophie erzählte ihr später, dass sie als Kind den Leuchtturm oft aus der Ferne gesehen hatte, wenn ihre Eltern sie zum Sonntagspaziergang mit auf *Beachy Head*, den große Kreidefelsen an der Südspitze Eastbournes, zerrten. Als kleines Mädchen hatte sie ihn gemieden wie die Katze das Wasser. Er war ihr unheimlich. Ihr Vater kannte viele gruselige Geschichten über den Turm. Er sagte, dort würden die Seelen schiffbrüchiger Matrosen ihr Unwesen treiben und man könne nachts ihre Stimmen im Wind flüstern hören.

Als sie älter wurde, vergaß Sophie, dass es den Leuchtturm überhaupt gab. Er lag weit entfernt vom Badestrand an den steilen, unzugänglichen Klippen. Nur ganz selten verirrte sich jemand dorthin.

Aber Jahne hatte ihn sofort für sich entdeckt! Seit sie sich erinnern konnte, fühlte sie sich von Plätzen angezogen, an denen Geheimnisse zu schlummern schienen. Nach der Schule gingen die Mädchen manchmal hinunter zum Strand und machten es sich auf der windschiefen Bank vor dem alten Leuchtturm gemütlich. Sophie erzählte Jahne all die alten

Geschichten, die sie von ihrem Vater gehört hatte. Doch die machten den Turm für Jahne nur noch anziehender.

Die Wochen waren wie im Flug vergangen, und jetzt war es endlich so weit.

Kaum läutete die Schulglocke zum letzten Mal, liefen Jahne und Sophie auch schon aus dem Klassenzimmer hinaus, durchs Schulgebäude hindurch und im Eiltempo die Stufen hinunter. Draußen erwartete sie die heiße Mittagssonne. Tom war wie immer schneller und wartete bereits auf die beiden.

Ferien! Endlich! Acht Wochen keinen einzigen Gedanken an Mathematik verschwenden! Ausgelassen lachend machten sie sich auf den Heimweg.

Sophie ging schon ungeduldig vor ihrer Haustür auf und ab, als Jahne nach dem Mittagessen aus dem Haus kam. “Let’s go down to the beach and have some fun!”, schlug sie vor.

“**Sounds** great”, erwiderte Jahne.

Sie schlenderten los.

“You know, the beach has exactly 1,796,385 **pebbles**”, sagte Sophie unvermittelt.

“Says who?”

---

sounds klingt
pebbles Kieselsteine

“Dad. **Every now and then** a seagull carries **away** one of them. And sometimes a pebble **splits** into two. That’s why the number of pebbles on this beach always stays **the same**.”

“Is there **anything** in the world your dad doesn’t have a story about?”, fragte Jahne bewundernd.

“No, I don’t think so.” Sophie seufzte. “Sometimes he **really gets on my nerves**. But **most of the time he’s lots of fun to be with**.”

Wie von einer Wespe gestochen lief Sophie auf einmal los. “First on the beach **gets a wish**!”, rief sie Jahne über die Schulter zu.

Jahne spurtete los. Obwohl Sophie ein paar Sekunden Vorsprung hatte, hatte Jahne sie schnell eingeholt.

“You know that I’m faster than you. My legs are longer!”, schnaufte Jahne. “And **nicer**, too!”

---

every now and then ab und zu
away fort, weg
splits zerbricht
the same gleich
anything irgendetwas
really wirklich
gets on my nerves nervt mich
most of the time meistens
he’s lots of fun to be with macht es viel Spaß, mit ihm zusammen zu sein
gets a wish hat einen Wunsch frei
nicer hübscher

Sophie rannte so schnell sie nur konnte. Fast gleichzeitig erreichten die beiden den schmalen Sandstreifen.
"I'm first!", keuchte Jahne. "Can I have my wish now?" Lachend ließen sie sich in den warmen, weichen Sand fallen. "I want a cold coke!"
"What a **stupid** wish!", meinte Sophie. "I'd like a coke too. You could wish for something **special**. Something very special! Think about it!"
Aber Jahne hatte keine Lust, lange über irgendwelche Wünsche nachzudenken.
"Okay. I want to go to the lighthouse tonight and look inside", sagte sie und war sich eigentlich sicher, dass Sophie sich nicht traute. Prompt riss ihre Freundin entsetzt die Augen auf. "Tonight? You must be **crazy**! It's **pitch-black** in there. What do you want to see, **anyway**?"
"Sophie, are you afraid?", spottete Jahne.
"Don't be **silly**! Of course not!", protestierte Sophie. Jahne wusste, dass ihr insgeheim aber doch etwas mulmig bei dem Gedanken war. Wahrscheinlich fällt ihr gerade wieder eine Geschichte von ihrem Vater

---

stupid blöd, dumm
special besonderes
crazy verrückt
pitch-black pechschwarz
anyway überhaupt
silly albern

ein, schmunzelte Jahne still in sich hinein. Laut sagte sie: “Then **it’s a deal**. **We’ll meet** at the lighthouse after dinner. We should take some candles with us, don’t you think?”
Als Sophie immer noch sehr skeptisch schaute, boxte sie ihr in die Seite: “Oh, Sophie! Don’t look so **serious**. It’ll be fun! And who knows, maybe we’ll meet some ghosts. I’ve heard there are lots of them **hanging out** in old **ruins** ... boohoo ...”

it’s a deal abgemacht
we’ll meet wir treffen uns
serious ernst
hanging out rumhängen
ruins Ruinen

Spuk im Leuchtturm?

Munter stapfte Jahne am Abend los. In der Abenddämmerung wirkte der Leuchtturm tatsächlich ziemlich gespenstisch. Von den Geräuschen der Stadt war nichts mehr zu hören. Die Wellen klatschten gegen die Felsen, und hin und wieder hörte sie das schrille Kreischen einer Möwe, die sich in der Dämmerung Nahrung suchte. Sonst war es still. Ob Sophie sich wohl traute, durch die Dunkelheit zu marschieren? Oder würde sie einen Rückzieher machen? Hoffentlich nahm sie ihren ganzen Mut zusammen und erschien pünktlich. Jahne war nun doch etwas verunsichert, glaubte aber nicht, dass Sophie ihr diesen Triumph gönnen würde.

Im Licht der untergehenden Sonne warf der Leuchtturm einen langen, dunklen Schatten in ihre Richtung. Jahne lief ein kalter Schauer über den Rücken. Doch es gab kein Zurück mehr, denn im gleichen Moment hörte sie Sophie auch schon hinter sich rufen: "Jahne! Can you wait and help me with my rucksack? It's so heavy!"

Erleichtert ließ Sophie den Rucksack in den Sand plumpsen.

"Did you bring your **ghostbuster equipment**?",

---

ghostbuster Geisterjäger
equipment Ausrüstung

frotzelte Jahne. Sie wollte sich nicht anmerken lassen, wie erleichtert sie war. Zum Glück war es schon dunkel genug. Sophie hatte bestimmt nichts bemerkt.
"Very funny!" Sophie grinste. "Well, I thought, **even if** we *are* doing something as stupid as **visiting** the lighthouse at night, we could **still** do it **in style**. I've got Mum's old **candelabra**. **At least we won't get burnt** by **dripping wax**. I've also brought some cookies and lemonade. We can have a picnic if we want to."
"And ask the ghosts **to join us**!", lachte Jahne. Dann nahm sie Sophie den schweren Leuchter ab. Schweigend marschierten sie weiter. Nur das Knirschen des Sandes unter ihren Schuhen durchbrach die Stille.
"Shush, Jahne! Did you hear that? I think somebody'**s following** us", flüsterte Sophie.

---

even if wenn ... schon
visiting besuchen
still dann ... wenigstens
in style stilvoll
candelabra Leuchter
at least wenigstens
we won't get burnt wir werden uns nicht verbrennen
dripping tropfendem
wax Wachs
to join us ob sie mitmachen wollen
is following verfolgt

Jahne drehte sich um und lauschte. Doch außer dem Rauschen des Meeres war nichts zu hören.
"There's **nobody** here **except for** us!", beruhigte sie Sophie. "Don't be scared!"
"But I did hear **footsteps**! I'm **sure**!" Sophies Stimme zitterte leicht.
"Of course you heard footsteps. We're not **floating, we must be moving somehow**." Aufmunternd knuffte Jahne ihre Freundin in die Seite. "Stop **trembling** and start walking!"
"Jahne, don't you think the lighthouse looks **weird** in the **moonlight**?", fragte Sophie.
"No, the lighthouse is not **different** at night. We don't have to be afraid of the ghosts your dad likes to talk about. Maybe they'll be happy to talk to us. It must **be boring** to **only** listen to **squawking** sea-

---

nobody niemand
except for außer
footsteps Schritte
sure sicher
floating schweben
we must be moving somehow irgendwie müssen wir uns ja fortbewegen
trembling zu zittern
weird unheimlich
moonlight Mondlicht
different anders
be boring langweilig sein
only nur
squawking kreischenden

gulls **all the time**", antwortete Jahne und machte sich damit selbst Mut.

Mondlicht spiegelte sich in den Wellen. In der fortschreitenden Dämmerung sahen die Mädchen bald die Brandung, die sich an der Klippe unter dem Leuchtturm brach. Das Salzwasser hatte das Gestein schon weit ausgespült. In ein paar Jahrhunderten kippt die Spitze der Klippe sicher ins Meer, und mit ihr der Leuchtturm, dachte Jahne. Sie steckte sich den Fuß des Leuchters in den Bund ihrer Jeans, um beide Hände frei zu haben. Vorsichtig kletterten sie die Felsen hoch. Stellenweise hatten sich Algen zwischen den Felsspalten verfangen und die Steine mit einer glitschigen grünen Schicht überzogen.

Zum Glück war es nur ein kurzer Aufstieg. Schon bald saßen Sophie und Jahne auf der Bank vor dem Leuchtturm und schauten hinaus aufs Meer.

Jahne spürte, dass Sophie unruhig wurde. Hatte sie etwa jetzt schon der Mut verlassen?

"We should **leave** and come back tomorrow morning", flüsterte Sophie ihr zu.

"**Nonsense**, that would make it much less **exciting**. Let's **try** to open the door and **have a look**

---

all the time die ganze Zeit
leave (weg)gehen
exciting aufregend
try versuchen

inside before we **wet our pants**. Sophie, can you hold the candelabra? I'll put on the candles, and then **off we go**."

Jahne holte Streichhölzer aus ihrer Hosentasche und zündete eins an. Aber es erlosch gleich wieder im Wind, der vom Meer her übers Land wehte. Sie gingen um den Leuchtturm herum zur Tür an der Vorderseite. Hier bot das Gemäuer ein wenig Schutz. Sie knieten eng beieinander, und so ließen sich die Kerzen endlich anzünden. Voller Übermut klopfte Jahne an die Tür. Einmal, zweimal, dann rief sie ins Dunkel der Nacht hinein: "Hello there, we're coming **inside** now!"

"**Shush**, are you crazy?", zischte Sophie. "What if someone hears us?"

"Who could hear us? There's no one in there."

"So why are you **shouting**, then?"

"Well, **just in case** there is someone **after all**", gab Jahne lachend zurück.

Aber nichts rührte sich. Sie klopfte noch einmal.

---

have a look inside einen Blick hineinwerfen
wet our pants uns in die Hose machen
off we go gehen wir los
inside rein
shush pst
shouting brüllst
just in case nur für den Fall
after all doch

"That's nonsense. Just think, Jahne, this lighthouse has been **abandoned for ages**. Who'd **be able** to open the door for us?"
"Well, the ghosts!", scherzte Jahne. Doch als sich auch auf erneutes Klopfen nichts im Turm rührte, lenkte sie ein. "You're right. This isn't going to **work**. We'll have to think of **something else**. I've **brought** my dad's **collection** of old keys. Maybe one of them will **fit**."
Während sie noch sprach, probierte sie auch schon einen Schlüssel nach dem anderen aus.
"This is **ridiculous**. Here I am, standing with a candelabra in my hands, watching you **break into** a lighthouse. Jahne, this isn't going to **end well**", zeterte Sophie. Als Jahne nur kurz aufschaute und sich aber nicht weiter beirren ließ, wurde Sophie deutlicher: "This is silly! I want to go home **right now**!"

---

abandoned verlassen
for ages seit einer Ewigkeit
be able in der Lage sein
work funktionieren
something else etwas anderes
brought mitgebracht
collection Sammlung
fit passen
ridiculous lächerlich
break into einbrechen
end well gut ausgehen
right now sofort

Jahne unterbrach nun doch ihre Bemühungen die Leuchtturmtür zu öffnen und blickte Sophie fragend an.

"**What's wrong** with you? Aren't you **curious to find out** what's inside?"

"No, I just don't like this **anymore**. And I'm getting cold", nörgelte Sophie, setzte sich auf die Stufen vor der Tür und lehnte sich sichtlich resigniert zurück.

Wie vom Blitz getroffen sprang sie auf. Jahne erschrak. Ihre Freundin war kreidebleich.

"What's wrong?"

"The do... do ... door, it's moving! It's not **locked**!"

Regungslos standen sie vor dem Leuchtturm und starrten die Tür an.

"Great! We can go inside now!"

Jahnes Stimme zitterte zwar, aber trotzdem drückte sie beherzt gegen die Tür. Mit lautem Knarren öffnete sich diese. Erschrocken sprangen Jahne und Sophie zur Seite und hielten die Luft an. Um sie herum war es mucksmäuschenstill. Selbst der Wind schien einen Moment innezuhalten.

Es dauerte eine Weile, dann fasste Jahne Sophie an der Hand und zog sie durch die Tür.

---

what's wrong was ist los
curious neugierig
to find out herauszufinden
(not) anymore nicht mehr
locked abgeschlossen

"Come on. It can't get any easier for us! **What could happen, after all?** It's **just** an old, empty lighthouse."
Nun siegte die Neugier auch bei Sophie.
"Maybe we'll find some exciting things, like love letters a **sailor** wrote to the daughter of the **lighthouse guard**, or even a **secret diary**!", schwärmte sie. "Or **some other** romantic stuff from the **past**."
Jahne schmunzelte über die Fantasie ihrer Freundin.

What could happen, after all? Was kann schon passieren?
just nur
sailor Matrose
lighthouse guard Leuchtturmwärter
secret geheimes
diary Tagebuch
some other irgendein anderes
past Vergangenheit

Erste Erkundungen

Im Inneren des Turms reichte der Kerzenschein gerade aus, um ein bisschen mehr zu sehen als nur die sprichwörtliche Hand vor Augen.
Die dicken Mauersteine waren über und über mit Spinnweben bedeckt. Ein Bild hing schief an der Wand. Mehr konnten die Mädchen vom Eingang des Turmes aus nicht erkennen. Vorsichtig gingen sie mit dem Leuchter in der Hand herum. Auch an einer kleinen Kochstelle im hintersten Winkel hatten es sich die Spinnen gemütlich gemacht.
"Shush!", flüsterte Sophie Jahne plötzlich zu und hielt sie am Ärmel fest. "I heard something!"
Regungslos blieben sie stehen. Jetzt hörte Jahne es auch. Ein Rascheln. Da huschte direkt vor ihren Füßen eine grün schimmernde Eidechse vorbei. Sie schien über die ungebetenen Besucher genauso überrascht zu sein wie die Mädchen über ihr plötzliches Auftauchen. Sophie ließ vor Schreck den Leuchter fallen, und die Kerzen erloschen augenblicklich.
"We're such **heroes**", raunte Jahne ihr zu, "to be scared of such a **harmless** little lizard!" Ungeduldig kramte sie in ihrer Tasche nach den Streichhölzern.

---

heroes Helden
harmless harmlosen

Gerade als sie die Kerzen wieder anzünden wollte, hörte sie eine Stimme aus weiter Ferne rufen:
"So-phie ... So-phie ...!"
Sophies Finger krallten sich so fest in Jahnes Arm, dass diese aufschrie. Da hörten sie auch schon Schritte näher kommen. Die Tür wurde weit aufgestoßen und eine Gestalt betrat den Raum. Im Dämmerlicht waren nur ihre Umrisse zu erkennen.
"Sophie, are you in here?"
Erleichtert fing Jahne an zu kichern. "Tom? You really **scared us to death**. What are you doing here?"
Ungläubig starrte Sophie ihren Bruder an.
"How did you know where I was?"
"I didn't. Oscar did", antwortete er. Sophie starrte ihren Hund an, der schwanzwedelnd und aufgeregt kläffend um sie herumsprang.
"Oh, Oscar, **so it was you who gave me away**!", schimpfte sie, als Tom auch schon wieder das Wort ergriff.
"I **was walking Oscar along** the beach, like every evening. **Suddenly** he started running like crazy, so

---

scared us to death hast uns zu Tode erschreckt
so it was you who gave me away dann hast du mich also verraten
was walking Oscar habe Oscar ausgeführt
along entlang
suddenly plötzlich

fast that I couldn't **keep up**. When I saw him running **towards** the lighthouse, I just let him go. I thought you would be there with Jahne. After all, **during** supper you'd **mumbled** something about a **bet**. What made you come here?"

Sophies Angst schien wie weggeblasen, und es sprudelte nur so aus ihr heraus: "We wanted to have a look. You know, I've **never** been in this lighthouse. I think there are wonderful things here that are just waiting to be found: old love letters, log books, or even old diaries."

Tom verdrehte die Augen.

"My little sister! You're **the worst coward** in the world and now you're running around the beach at night! I can't believe it! **For heaven's sake**, why did you come here so late at night? You **hang around** here all day **anyway**, so why didn't you get this idea earlier?"

"Well, why didn't we? The door was open all the

---

keep up Schritt halten
towards in Richtung, zum
during während
mumbled gemurmelt
bet Wette
never niemals
the worst coward der schlimmste Feigling
for heaven's sake um Himmels willen
hang around hängt rum
anyway sowieso

time, and we should have looked inside the lighthouse **a long time ago**!", sagte Sophie schnippisch.
"**Don't worry**. It's not that **important**!", winkte Jahne schnell ab. "Well, now that we *are* here, I would really like to have a look around."
Sie zündete die Kerzen an und stapfte mit forschen Schritten durch den Turm.
Sophie und Tom folgten ihr wortlos. Auch Oscar wich nicht von ihrer Seite. Jahne hielt den Leuchter über ihren Kopf und blickte nach oben. Der Turm schien unendlich hoch zu sein. Plötzlich blieb sie stehen und zeigte mit dem Finger ins schummrige Dunkel.
"Do you see that? Those stairs must go up to the first platform. **I wonder** what's up there. Maybe ..."
"Jahne, you stay down here!", fiel Tom ihr ins Wort.
"The stairs are **rotten**. They could **collapse at any moment**!"
Aber Jahne war schon vorsichtig die ersten Stufen hochgestiegen. Den Leuchter streckte sie weit von sich, um auch die nächsten Stufen zu erkennen.

---

a long time ago vor langer Zeit
Don't worry. Mach dir keine Sorgen.
important wichtig
I wonder ich frage mich
rotten morsch
collapse einstürzen
at any moment jederzeit

Oscar saß am Fuß der Treppe und schaute ihr neugierig nach. Plötzlich spitzte er die Ohren. Und ehe Tom und Sophie begriffen, was passierte, sprang er die ersten Stufen hoch und sauste an Jahne vorbei die Treppe hinauf. Vor Schreck ließ Jahne den Leuchter fallen, der mit lautem Gepolter zu Boden fiel. Von einer Sekunde zur anderen war es stockdunkel im Turm. Jahne verlor das Gleichgewicht, fand aber schnell Halt am Geländer und setzte sich mit wackeligen Knien auf die Stufen. Im selben Moment fing Oscar an zu bellen. Tom suchte nach dem Leuchter, und Sophie schrie Jahne zu: "We need the **matches**! Can you throw them down here?"

"I can't see where you are. Wait a moment. I'm trying to get down." Angst lag in Jahnes Stimme. Vorsichtig tastete sie sich am Geländer entlang hinunter. Erleichtert stand sie ein paar Minuten später vor ihrer Freundin. In der Zwischenzeit hatte Tom den Leuchter gefunden.

Sophie zündete die Kerzen erneut an und sah hinauf zur Plattform, wo Oscar noch immer im Dunkeln eifrig herumtapste und bellte.

"Oscar, **get back** down here!" Sie pfiff zweimal kurz. Für einen Augenblick hörte Oscar auf zu bellen. Jetzt konnten auch Jahne, Tom und Sophie hö-

---

matches Streichhölzer
get back komm zurück

ren, was ihn so aufbrachte. Ein Geräusch. Ein Scharren. Irgendetwas hatte Oscar da oben aufgestöbert.
“It’s **probably** just a mouse”, beruhigte Tom die Mädchen. “Oscar, come here! We aren’t here to catch mice!” Tom pfiff noch einmal laut, und Oscar kletterte tollpatschig die Treppe hinab. Er war etwa auf halbem Weg, als das Holz unter seinen Pfoten knirschte und brach. Mit einem Riesensatz übersprang er die letzten Stufen und landete sicher auf dem Steinboden.
“The stairway’s **broken**! We can’t get up there any more. **We’d better** go before the **whole** lighthouse collapses”, trieb Tom zum Aufbruch.
“But there’s something up there!”, rief Sophie. “A stupid little mouse couldn’t make so much **noise**!”
“Even if ... we’re not going to **find out** tonight. Or have you **learnt** how to fly?”, flapste Tom ungeduldig seine Schwester an.
Beleidigt drehte Sophie sich zu Jahne um. “Come on, let’s go. Tom is such a **spoil-sport**!”

---

probably wahrscheinlich
broken kaputt
we’d better wir sollten besser
whole ganze
noise Lärm
find out es herausfinden
learnt gelernt
spoil-sport Spielverderber

"But he's right, Sophie." Jahne nahm Tom in Schutz. "The stairs *are* **too old**."
"We'll try again tomorrow, after breakfast. And we'll bring along our old ladder. It's **tall enough** to **reach** the platform", versuchte Tom seine Schwester versöhnlich zu stimmen.
Jahne packte den Leuchter in Sophies Rucksack und folgte den beiden, als sie den Turm verließen. Bevor sie die Tür anlehnte, schaute sie noch einmal in das finstere Gemäuer und flüsterte mutig: "We'll be back tomorrow to find out your **secrets**!"

---

too old zu alt
tall groß
enough genug
reach erreichen
secrets Geheimnisse

Am Tag danach

"Jahne! Aufstehen! Es ist fast Mittag!"
Ohne anzuklopfen kam ihre Mutter ins Zimmer und zog schwungvoll die Gardinen zurück. Von der Sonne geblendet drehte Jahne sich noch einmal um und vergrub ihr Gesicht im Kissen, aber ihre Mutter kannte kein Pardon.
"Los, los! Raus aus den Federn! Komm runter in die Küche und iss eine Kleinigkeit. Und dann würde ich gerne mal ein Wörtchen mit dir reden", sagte sie und war schon wieder verschwunden.
Jahne hatte verschlafen! Sicher warteten Sophie und Tom schon auf sie.
In Windeseile schlüpfte sie in ihre Klamotten vom Vortag. Sie war nach dem Abenteuer im Leuchtturm so müde gewesen, dass sie Jeans und T-Shirt in einem unordentlichen Haufen auf ihren Stuhl geworfen hatte. Auf Zehenspitzen schlich sie die Treppe hinunter. Hoffentlich hörte ihre Mutter sie nicht, sonst müsste sie bestimmt erzählen, warum sie erst so spät nach Hause gekommen war.
Jahne wollte sich gerade aus der Haustür stehlen, als sich die Küchentür öffnete und ihre Mutter in die Diele trat.
"Moment, Jahne! Wo willst du denn nun schon wieder hin?"
"Ich bin mit Sophie verabredet, ich muss los. Ich bin schon viel zu spät dran!"

Kommt gar nicht infrage. Erst mal wird gefrühstückt, und dann erzählst du mir, wo du dich die halbe Nacht herumgetrieben hast!" Die Stimme ihrer Mutter klang scharf.

Jahne griff sich eine Stulle und biss im Stehen ein Stück ab. Nervös kaute sie darauf herum. Sie musste sich schnell etwas ausdenken! Wenn ihre Mutter erfuhr, dass sie so spät am Abend noch am Strand gewesen war, würde es ein Donnerwetter geben.

"Es tut mir leid wegen gestern Abend. Ich hätte Bescheid geben müssen. Ich war mit Sophie bei einer Klassenkameradin. Wir haben da CDs gehört und ich hab gar nicht gemerkt, wie spät es schon war. Tut mir echt leid!"

Jahne fühlte sich unwohl bei dieser Lüge, aber etwas Besseres fiel ihr auf die Schnelle nicht ein. Ihre Mutter schien ihr zu glauben. Zumindest startete sie keinen weiteren Versuch, sie vom Gehen abzuhalten.

In Rekordzeit erreichte sie den Leuchtturm. Sophie und Tom vertrieben sich die Wartezeit damit, Stöckchen ins Wasser zu werfen, die Oscar mit ungebremster Begeisterung zurück an Land brachte. Die Leiter lehnte an der Leuchtturmwand. Im hellen Sonnenschein wirkte der Turm längst nicht so unheimlich wie am Abend zuvor.

"Sorry for being late. Have you been waiting long?", fragte Jahne schuldbewusst.

“We just **got here**, too”, erwiderte Sophie. “Let’s go. I’m so curious to find out what’s in there!”
Tom pfiff den Hund aus dem Wasser, dann starteten die vier ihre zweite Erkundungstour.
Sie ließen die Tür offen und mussten feststellen, dass der Turm bei Tageslicht von innen nicht gerade aufregend war. Jahne sah sich jetzt die Treppe etwas genauer an und ihr wurde ganz flau im Magen. Deutlich war zu erkennen, wie brüchig die meisten Stufen waren. Noch einmal würde sie keinen Fuß daraufsetzen.
Sie sahen sich weiter um. Doch außer der alten Kochstelle und einer maroden Truhenbank mit einem alten, von Motten zerfressenen Kissen auf der Sitzfläche gab es nichts zu entdecken. Jahne klappte neugierig die Sitzfläche hoch. Ihre Hoffnung auf alte Schriftstücke bestätigte sich nicht, und so ließ sie die Holzplatte wieder sinken. Der dabei aufgewirbelte Staub kitzelte sie in der Nase. Sie musste niesen.
“**Bless you**!”, wünschte Sophie, die gerade das Bild an der Wand genauer betrachtete.
“Have you found anything exciting?”, fragte Jahne, als endlich auch das letzte Staubkorn ihre Nase verlassen hatte.

---

got here sind … angekommen
Bless you! Gesundheit!

"No, nothing special", winkte Sophie ab. "**Only** an old picture behind glass."
Jahne warf einen kurzen Blick auf das Bild. Der finster dreinblickende alte Mann mit der blauen Augenklappe weckte auch in ihr keine große Neugierde. Da interessierte sie die im Hintergrund abgebildete alte Zeder schon mehr.
"Wow, look at this. **If I were** an **artist**, I'd paint **nothing but** old trees. Isn't it wonderful?"
"Just **imagine** an old tree like that could talk. Wouldn't it be great to hear its secrets?", sagte Sophie. Doch bevor sie richtig loslegen konnte, ihre blühende Fantasie vor Jahne auszubreiten, brachte diese sie auch schon lachend zum Schweigen. "No more stories! And **especially** none of your dad's!", bat sie ihre Freundin.
"I'll go get the ladder!", unterbrach Tom die Mädchen ungeduldig. "I'm sure there's more to see up there!"
Kaum hatte er die Leiter aufgestellt, war Oscar nicht mehr zu halten. Unbeholfen kletterte er die schmalen Stufen hoch, sprang mit einem Satz auf die Plattform und fing wie am Abend zuvor zu bellen an.

---

only nur
if I were wenn ich … wäre
artist Künstler
nothing but nichts als
imagine stell dir vor
especially besonders

Tom stand als Erster neben Oscar auf der Plattform. “You have to see this!”, rief er den Mädchen zu. “**Hurry up** and get up here!”
Vorsichtig stiegen nun auch Jahne und Sophie hinauf. In einer kleinen Einbuchtung in der Wand gegenüber stand eine alte Pendeluhr. Die Mädchen trauten ihren Augen kaum. Das Pendel bewegte sich. Und die ganze Uhr war blitzblank. Kein Staubkorn und keine Spinnweben waren zu sehen.
Jahne fand als Erste ihre Stimme wieder: “Now, that’s weird!”, wunderte sie sich. “The lighthouse is **full of** spiders, and everything’s **dusty**. But here we have an **old-fashioned** clock which looks **brand-new**. And it works! Maybe ...”
Im selben Moment hörten sie dasselbe Geräusch wie am Abend zuvor. Die Zeiger der Uhr standen auf Punkt zwölf, aber anstelle eines Gongs ertönte nur dieses merkwürdige Schnarren.
“**Sounds like it’s jammed**”, sagte Tom. “I’d really like to know who put it here. And how? **The only way** to get up here is to use the stairs. And they’re

hurry up beeilt euch
full of voller
dusty staubig
old-fashioned altmodische
brand-new nagelneu
Sounds like it’s jammed. Klingt, als würde da irgendwas klemmen.
the only way der einzige Weg

so rotten that no one **in their right mind** would use them." Leichter Spott klang in seiner Stimme, als er zu Jahne hinüber schaute.
"Maybe the last lighthouse guard **left** the clock **behind**", vermutete Sophie.
"Don't be silly!", fiel Jahne ihr ins Wort. "There must be someone who **looks after** the clock. It's a **grandfather clock**, it only works when **it's wound up** every day."

---

in their right mind bei vollem Verstand
left … behind hat … zurückgelassen
looks after sich kümmert
grandfather clock Standuhr
it's wound up sie wird aufgezogen

Tom kam eine Idee. "Can you help me? I'd like to see the back of the clock. There must be a **reason** why the **chimes** don't work."
Zu dritt versuchten sie die Uhr von der Wand zu rücken.
"Must be made of heavy **wood**!", ächzte Tom und richtete sich auf. "Just look at it. Clocks like that **haven't been built** for a long time!"
"Stop talking, Tom. Let's all push from this **side**", schlug Jahne vor. "Maybe we'll be able **to move** it."
Ächzend und stöhnend schoben sie, bis sich die Uhr endlich bewegte.

---

reason Grund
chimes Geläut
wood Holz
haven't been built sind nicht gebaut worden
side Seite
to move it zu bewegen

Das Orakel

Laut schnaufend richtete Tom sich auf. Es war ihnen gelungen, den Uhrenkasten ein Stückchen zu drehen, sodass sie jetzt die Rückseite der Uhr betrachten konnten. Blank polierte Zahnräder griffen sauber ineinander und hielten die Uhr am Laufen.

"**Amazing**, just amazing!", murmelte Tom. "Look at that! I've never seen such big **wheels.**"

Neugierig schaute jetzt auch Jahne ins Innere der Uhr. Und da entdeckte sie, warum sie nicht schlug.

"There's a **piece** of paper between the wheels, at the chimes. It's **blocking** the **mechanism**." Sie fummelte den zu einem festen Viereck zusammengefalteten Zettel zwischen den Zahnrädern hervor.

"Let me see!", fuhr Sophie ungeduldig dazwischen. Sie nahm Jahne das Papier aus der Hand. Vorsichtig faltete sie es auseinander.

"There's something **written** on it. It looks like a **riddle**." Vorsichtig schaute sie sich nach allen Seiten um.

---

amazing unglaublich
wheels (Zahn)räder
piece Stück
blocking blockiert
mechanism Mechanik
written geschrieben
riddle Rätsel

Tom wurde ungeduldig. "There's no one else here. Can you **read it out loud**?"
Mit stockender Stimme las Sophie vor:

"**Truth** waits in the **depths**.
A **treasure** waits in the dark.
Quick now, before time can catch you.
Quick now, think **clearly**, you must be **bright**.
Quick now, and bring truth to light!

But **be careful of** the darkest **might**.
The one that **keeps watch** over **death** and **life**."

Sophies Hände fingen an zu zittern. Sie ließ das Blatt sinken und starrte mit kreidebleichem Gesicht ihren Bruder an. Ratlos zuckte Tom mit den Schultern. Jahne öffnete den Mund, aber kein Laut drang über ihre Lippen. Selbst Oscar bemerkte, dass etwas in der Luft lag, und fing leise an zu winseln.

---

read it out loud es vorlesen
truth Wahrheit
depths Tiefen
treasure Schatz
quick schnell
clearly klar
bright schlau
be careful of nimm dich in Acht vor
might Macht
keeps watch Wache hält
death Tod
life Leben

Wie lange sie so dastanden, konnte später keiner mehr sagen.
"What shall we do now?", fragte Tom in die Stille hinein.
"Let's put the paper back between the wheels," schlug Sophie vor. "Just like we found it. We'd better forget what we've read!"
"Can I see it?", bat Tom und nahm den Zettel vorsichtig aus Sophies immer noch zittrigen Fingern.
"Truth waits in the depths", murmelte er. "What does that **mean**? Who wrote it? And why **did** they **stick** it between the wheels?"
Sophies Unternehmungslust hatte einen gehörigen Dämpfer bekommen. "I don't think this **message** has got anything to do with us!", beharrte sie. "Let's go home. We should never have come ..."
Jahne fiel ihr ins Wort: "Oh, Sophie. Don't be such a **scaredy-cat**! Aren't you curious? **Whatever** this **is all about**, I want to know more! Nobody would **leave** a message like that **just for fun**."

---

mean bedeutet
did ... stick haben ... gesteckt
message Botschaft, Nachricht
scaredy-cat Angsthase
whatever was auch immer
is all about bedeutet
leave zurücklassen
just for fun nur so zum Spaß

"And what's even more important," fügte Tom mit leuchtenden Augen hinzu, "it's about a treasure!"
Oscar stimmte Tom laut kläffend zu und kletterte unbeholfen die Leiter hinunter.
"You see! Oscar also thinks we should **start looking for** the treasure right away!", versuchte Jahne Sophie umzustimmen.
Sophie war das Ganze sehr unheimlich. Aber als Feigling und Spielverderber wollte sie nicht dastehen, deshalb zuckte sie nur verlegen mit den Schultern und lächelte schief. "Okay. Where shall we start?"
Schnell rückten die drei die Uhr wieder zurück an ihren Platz. Vorher klemmten sie noch ein Taschentuch zwischen die Zahnräder, damit niemand bemerkte, dass der Zettel fehlte. Als sie die Leiter hinunterstiegen, wurde Oscars Bellen immer lauter. Kaum hatten sie wieder festen Boden unter den Füßen, sprang er aus dem Leuchtturm hinaus ins Freie und lief zum Wasser.
Die Freunde setzten sich auf die kleine Bank in die Sonne, um sich zu beraten. Einen Hinweis auf einen Schatz fand man schließlich nicht alle Tage.
"Truth ... depths ... in the dark ...", murmelte Tom nachdenklich vor sich hin. "**What's that supposed to mean?**"

---

start looking for anfangen nach … zu suchen
What's that supposed to mean? Was soll das heißen?

"Maybe it means there's a treasure at the **bottom** of the sea", schlug Sophie vor. "Dad told me a story about a pirate ship. It was **hit** by a storm and sank not **far** from the lighthouse a long, long time ago. Maybe it carried a treasure. You know, things the pirates had **stolen**: **pearls**, gold, and **jewellery**. And it's all been at the bottom of the sea **for centuries**."

Jahne hatte genug gehört. Die Abenteuerlust hatte sie schon wieder gepackt. "Okay, **let's get started**. Wouldn't it be great if there really was a treasure here?"

Die Aussicht auf Schmuck, der vor langer Zeit vielleicht einer Prinzessin gehört hatte, ließ auch Sophie den Schreck vergessen. "Hey Tom, why don't you run home and get our **snorkels**? It'll be much easier to **search** with them."

Es dauerte eine Ewigkeit, bis Tom zurückkehrte. Jahne und Sophie vertrieben sich die Zeit damit,

---

bottom Boden, Grund
hit getroffen
far weit
stolen gestohlen
pearls Perlen
jewellery Schmuck
for centuries Jahrhunderte lang
let's get started lasst uns anfangen
snorkels Schnorchel
search suchen

Luftschlösser zu bauen. Wie sehr würde sich ihr Leben verändern, wenn sie tatsächlich einen alten Schatz fänden? Mit einem Schlag wären sie dann berühmt. Jede Zeitung der Welt würde über sie berichten, und selbst das englische Königshaus würden sie für kurze Zeit aus den Schlagzeilen verdrängen. Während sie sich immer wildere Geschichten ausdachten, warfen sie Stöckchen für Oscar, die dieser unermüdlich aus dem seichten Wasser holte.
Als Tom wieder am Strand auftauchte, war Jahnes Abenteuerlust sofort wieder geweckt. Sie sprang auf und lief ihm ein Stückchen entgegen. Doch wieso hatte er nur einen Schnorchel dabei? Bevor sie ein Wort sagen konnte, lieferte Tom auch schon die Erklärung.

"Oscar must have **mistaken** one snorkel **for** a bone. He's **chewed it to bits**. We'll have to **take turns**."
"Have you brought our swimming costumes?", wollte Sophie wissen.
"Sure, I don't want the two of you **skinny-dipping in the open sea**", sagte Tom und zwinkerte Jahne verschmitzt zu. "Take this one! It's not the **latest**

---

mistaken … for verwechselt … mit
chewed it to bits es zerkaut
take turns abwechseln
skinny-dipping nackt baden
in the open sea im offenen Meer

fashion, but I'm sure Sophie will **lend** it to you. She'll **grab** the newer one for herself, I **guess**", zog er seine Schwester auf.
"At least you **remembered** to bring two swimming costumes. **If you're magician enough** to make some towels **appear** out of your rucksack, I'll forget that you usually never remember anything", konterte Sophie.
"Abracadabra, here you are!", triumphierte Tom.
Kommentarlos nahm Sophie ihm die Handtücher vom Arm und machte es sich im weichen Sand bequem.
"Jahne, come sit next to me, and we'll let **Mr Know-it-all** go **explore by himself for a while**."
"I won't come back **till** I've found the treasure", rief er den beiden noch zu, dann verschwand Tom im Wasser.

---

latest fashion neueste Mode
lend ausleihen
grab schnappen
guess vermute
remembered hast dich daran erinnert
if you're magician enough wenn du genug zaubern kannst
appear erscheinen
Mr Know-it-all Mister Allwissend
explore (er)forschen
by himself alleine
for a while für eine Weile
(not) till bevor

Kaum war er außer Hörweite, steckten die Mädchen die Köpfe zusammen. Kichernd stieß Sophie Jahne in die Seite. “So why does your face look like a tomato? Don’t tell me it’s because of what Tom said about skinny-dipping!”
Gerne hätte sich Jahne jetzt einfach nur grinsend zurückgelehnt, doch stattdessen fühlte sie, wie ihr entsetzlich heiß wurde. Ihr Kopf hatte inzwischen wahrscheinlich die Farbe eines Feuermelders. Sophie, die sie die ganze Zeit aus den Augenwinkeln beobachtet hatte, prustete los. Endlich brachte Jahne die Zähne auseinander: “You won’t say anything, will you?”
“Never!”, stieß Sophie zwischen zwei Hicksern hervor.
Jetzt musste auch Jahne endlich lachen.
Die beiden kicherten und alberten immer noch herum, als Tom seine Schatzsuche beendet hatte und tropfend neben ihnen stand. Wieder war es Jahne, die als Erste aufsprang und ihn neugierig musterte. Was hielt Tom da bloß in der Hand?
“Look!”, rief er und hob strahlend einen alten, verrosteten Taucherhelm in die Höhe. “I’ve found our amazing treasure!” Mit Schwung warf er der verdatterten Jahne sein Fundstück zu. Sie reagierte schnell genug, um ihn aufzufangen, doch unter dem Gewicht des Helmes sank sie in die Knie.
“Wow, that’s really heavy. Where did you find it?”, fragte sie überrascht.

"That's a long story", prahlte Tom mit stolzgeschwellter Brust.
"Wonderful!", winkte Sophie ab. "We **already** know you're a hero."
"Pooh!" Beleidigt ließ Tom sich auf eines der Handtücher fallen.
Jahne schaute sich den Helm etwas genauer an. Vorsichtig kratzte sie die Algen ab. Doch darunter war nichts als verrostetes Metall.
"I don't think this is the treasure we're looking for. What could such a **rusty** old **helmet be worth**?"
Tom sah die Mädchen herausfordernd an. "That's exactly what we need to find out!"
Auch Oscar nahm den Helm nun intensiv unter die Lupe. Er beschnüffelte ihn von allen Seiten und wandte sich dann gelangweilt ab. Sophie schaute Oscar nach, der mit wedelndem Schwanz in Richtung Leuchtturm trottete.
"Look! Not even your dog is **interested** in this piece of metal", stichelte sie.
"Maybe we should follow him", schlug Jahne vor. Sie fand Toms Beute aus dem Meer auch nicht so spannend.

---

already schon
rusty rostiger
helmet Helm
be worth wert sein
interested interessiert

"**If I'd known** how **enthusiastic** you'd be, **I wouldn't have made such an effort**." Tom seufzte. "But maybe you're right and it's just a piece of old metal."
Frustriert tauschte er die nasse Badehose gegen Shorts und T-Shirt. Unterdessen verstauten die Mädchen die Handtücher im Rucksack. Trotzig nahm Tom den Helm unter den Arm, als sie sich schweigend auf den Weg zum Leuchtturm machten.

---

if I'd known wenn ich gewusst hätte
enthusiastic begeistert
I wouldn't have made such an effort hätte ich mich nicht so angestrengt

Plötzlich rief Tom aufgeregt: "**I got it**! Maybe the person who **wrote** the message **didn't mean** the depth of the sea. Jahne, can you show me the piece of paper again?"
Jahne zog den Zettel aus ihrer Hosentasche und las vor:

"Truth waits in the depths.
A treasure waits in the dark.
Quick now, before time can catch you.
Quick now, think clearly, you must be bright.
Quick now, and bring truth to light!

But be careful of the darkest might.
The one that keeps watch over death and life."

"Maybe we'll find something in the lighthouse that'll help us." Oscar bellte zustimmend bei Toms Worten. Aufmunternd schaute Tom Jahne und Sophie an. "Well, what do you think?"

I got it! Jetzt hab ich's!
wrote schrieb
didn't mean meinte nicht

Die verborgene Grotte

Kurz darauf standen Tom, Sophie, Jahne und Oscar wieder im Leuchtturm. Keiner wusste, wo sie anfangen sollten. Hätte es wenigstens einen alten Schrank gegeben, aus dem Berge von Papier quollen!
Da stutzte Jahne. "The picture!", stieß sie erstaunt aus. "It's **straight** now! When we got here this morning it was hanging **crooked**!"
Mit gemischten Gefühlen trat sie näher an das Bild. Bei jedem Schritt fühlte sie sich mehr und mehr beobachtet. Es kam ihr vor, als würde der Mann auf dem Bild sie anstarren. Ein kalter Schauer lief ihr über den Rücken! Nun stand sie bloß noch wenige Zentimeter von dem Gemälde entfernt und betrachtete es mit zusammengekniffenen Augen. Jahne versuchte dem bohrenden Blick standzuhalten. Dann nahm sie es blitzschnell von der Wand. Beim Versuch es umzudrehen rutschte es ihr plötzlich aus der Hand. Mit lautem Getöse fiel es zu Boden. Das Glas splitterte und zerbrach in tausend Stücke. Tom und Sophie halfen ihr die Scherben aufzusammeln.
"Take this!" Tom reichte ihr ein Handtuch. "Put the pieces in there for now. We can throw them away later."

---

straight gerade
crooked schief

Zu dritt krochen sie am Boden entlang. Es war gar nicht so einfach, die Glassplitter aus den Fugen zwischen den Bodensteinen aufzulesen.
Plötzlich bewegte sich einer der Steine, als Jahne sich mit einer Hand darauf abstützte. Er gab unter ihrem Gewicht nach, und wie bei einer Wippe schnellte die andere Seite in die Höhe.
"Look at that!", rief sie und zeigte auf den losen Stein. Tom besah sich den Boden an dieser Stelle genauer. Es war nicht der einzige Stein, der nicht fest mit dem Untergrund verbunden war. Erstaunt beobachteten Jahne und Sophie, wie Tom einen Stein nach dem anderen aus dem Boden klaubte. Teile einer verrosteten Metallplatte kamen darunter zum Vorschein. Mit vereinten Kräften legten sie die Platte ganz frei.
"Wow, what do you think is **underneath**?", wollte Tom wissen.
"We'll have to find out", pflichtete Jahne im bei.
Nur Sophie war nicht begeistert. "Are you crazy? What if there's a **grave** there? I **certainly** don't want to find the bones of some **dead** lighthouse guard."

---

underneath darunter
grave Grab
certainly bestimmt
dead tot

"Oh, Sophie. Don't be silly. It's probably just a **trapdoor leading to the storage room**. We'll find nothing but old **jam jars and so on**", versuchte Jahne Sophie zu beruhigen. Trotzdem konnte sie ihre Neugier kaum zügeln und hob die Metallplatte an. "Tom, can you help me with this? I can't do it by myself!"

---

trapdoor Falltür
leading to the storage room die zum Vorratsraum führt
jam jars Marmeladengläser
and so on und so was

Kaum hatten Jahne und Tom die Platte entfernt, mussten sie ein paar Schritte zurückgehen. Ein beißender, fauliger Geruch stieg ihnen in die Nase.
"This trapdoor hasn't been opened for years. What a **terrible** smell!", beschwerte sich Sophie. "**Millions** of mice have probably been lying dead down there for centuries." Sie schüttelte sich und rümpfte angewidert die Nase. "Close that door!", forderte sie Tom auf. Schon trat sie einen Schritt vor und griff nach dem rostigen Metall.
"No, we'd better keep it open to let some air in. If we **breathe** through a **cloth**, we should **be able to stand** the smell", schlug Jahne vor.

Tom stimmte ihr zu, doch Sophie war den Tränen nahe. Jahne nahm sie sanft am Arm und versuchte sie zu beruhigen. "Don't worry, Sophie. We can **cover** our noses with Tom's towel and breathe through it. **That way** we'll smell the sea salt."
Tom holte eine Taschenlampe aus dem Rucksack und knipste sie an. Bevor er die erste Stufe hinunterstieg, rief er nach Oscar.

---

terrible furchtbarer
millions Millionen
breathe atmen
cloth Tuch
be able to stand in der Lage sein ... zu ertragen
cover bedecken
that way so, auf diese Weise

"Come here, Oscar! You'll be the first to go in and **scare off** all the mice. We don't want Sophie to **die** of a **heart attack**."

Froh, dass sich endlich wieder jemand um ihn kümmerte, tappste Oscar erwartungsvoll in die Dunkelheit hinein. Im Licht der Taschenlampe folgten ihm Tom, Sophie und Jahne die Treppe hinab.

Jahne kam es vor, als seien sie bereits eine Ewigkeit unterwegs. Mit jedem Schritt wurde sie ungeduldiger. Schließlich rief sie in die Tiefe vor sich: "116 **steps**. I think that's far enough now. Tom, where's Oscar? Has he reached the bottom of the stairs?"

"**Stop complaining**, Jahne! We're almost there!", kam Toms Stimme zurück.

Tiefer und tiefer ging es in den Felsen hinein. Langsam ließ der Gestank nach, aber dafür machte ihnen die immer feuchter werdende Luft das Atmen schwer. Jahne kamen die ersten Zweifel, ob es wirklich so eine gute Idee gewesen war, die Treppe hinunter zu steigen.

"**We made it**!", rief Tom den Mädchen in diesem Moment zu. "We've reached the bottom of the stairs."

---

scare off verscheuchen
die sterben
heart attack Herzinfarkt
steps Stufen
Stop complaining Hör auf zu meckern

Tom ließ den Strahl der Taschenlampe in einen Gang wandern, der nicht viel breiter war als ihre Schultern. Die Decke hing bedrohlich tief. Sie mussten die Köpfe einziehen, um nicht anzustoßen. Es sah ganz danach aus, als wäre der Gang vor sehr langer Zeit mit groben Werkzeugen in den Fels gehauen worden.

"Let's just follow Oscar. He's already gone **quite a bit further**", meinte Tom.

Und so folgten sie dem dunklen Gang. Im dunstigen Schein der Taschenlampe konnten sie kaum ein paar Meter weit sehen.

"Oscar!", rief Sophie immer wieder in die dunkle Stille hinein. "Oscar, come here!" Ihre Stimme verhallte zwischen den kalten Felsen. Wie aus weiter Ferne vernahmen die Freunde Oscars Gebell.

Sophie hätte sich bestimmt sicherer gefühlt, wenn Oscar bei uns geblieben wäre, dachte Jahne.

Dann plötzlich tauchte Oscar aus der Dunkelheit auf. Aufgeregt drängte er sich zwischen den Beinen der Freunde durch. Neben Sophie blieb er unruhig stehen. Nur mit großer Mühe gelang es ihr, seine Leine am Halsband einzuklinken.

We made it! Wir haben es geschafft!
quite a bit ziemlich viel
further weiter, voraus

Vorsichtig gingen sie weiter, bis Tom unvermittelt stehen blieb. Jahne, die jetzt direkt hinter ihm ging, fuhr erschrocken zusammen.
“What’s wrong? Why have you stopped?”, fragte sie verwundert.
“**From now on** we should stay even **closer together**. **There’s a bend coming up ahead** and I have **no idea** what’s behind it”, antwortete Tom. “**Watch your heads**. The **passage** is getting even **lower**.”
Sie waren vielleicht weitere fünf Minuten gegangen, da rief Tom aus: “Light! I see light at the end of the passage! **Seems like** there’s a **way** outside!”, freute er sich.
Doch er hatte sich getäuscht.
Vor ihnen lag nun eine große Höhle. Brennende Fackeln an den Wänden tauchten sie in ein schummriges Dämmerlicht.

---

from now on von jetzt an
closer näher
together zusammen
There’s a bend coming up ahead Da vorne kommt eine Biegung
no idea keine Ahnung
Watch your heads. Passt auf eure Köpfe auf.
passage (Durch)Gang
lower niedriger
seems like es scheint, als ob
way Weg

Tom war der Erste, der mutig den Raum betrat, dicht gefolgt von den Mädchen.

Ehrfürchtig blickten die drei auf die geheimnisvolle, runde Scheibe aus rötlichem Metall, die in den Boden eingelassen war.

"**Oh my God**! What's that?" Tom fand als Erster die Sprache wieder. "The **face** of a very big clock. It must be at least three metres in **diameter**. I've never seen anything like that before!"

"This is crazy! What's it for?", wollte Jahne wissen.

"I have no idea", gab Tom zu.

Er trat in die Mitte der Scheibe und schaute sich um. Immer wieder tippte er mit dem rechten Fuß gegen den großen Zeiger.

"I wonder why the clock stopped at exactly four o'clock? **That's too much of a coincidence.** There must be an **explanation** for all this", überlegte er laut.

Nun trauten sich auch die Mädchen langsam in den Kreis. Sophie stellte sich etwas ängstlich neben ihren Bruder und blickte sich suchend in der Höhle um.

Oh my God! Mein Gott!
face Ziffernblatt
diameter Durchmesser
That's too much of a coincidence. Das kann kein Zufall sein.
explanation Erklärung

"How did this clock get here **in the first place**? The passage is so small", wunderte sie sich.
"Well, where *are* we, anyway?", fragte Jahne, die völlig die Orientierung verloren hatte, und kniete sich in die Mitte des riesigen Ziffernblattes.
Tom überlegte kurz, bevor er antwortete. "Let's think. How long was the first passage? One hundred metres? And the second? Fifty metres? I guess the lighthouse must be **about** fifteen metres above our heads. And if the first passage leads towards the beach, then we must be somewhere very **near** the **path** to the lighthouse."
"Well, and I was scared the sea was above our heads and would **break through** the rock at any moment." Jahne atmete erleichtert auf. Noch einmal ließ sie den Blick durch die Höhle schweifen. Eine steile Falte bildete sich zwischen ihren Augenbrauen, als sie die Fackeln betrachtete.
"Why are these **torches burning**? I thought nobody's been here for a long time. Is somebody trying to scare us?" Jahne war misstrauisch geworden.

---

in the first place überhaupt
about ungefähr
near in der Nähe von, nah
path Weg
break through durchbrechen
torches Fackeln
burning brennen

"Well, they have. And I'm going back!" Sophie drehte sich auf dem Absatz um und steuerte auf den Höhlengang zu. Doch mitten im Raum hielt sie inne und deutete mit dem Finger auf die Wand über dem Ausgang.

In der gleichen alten Schrift, wie sie sie auf dem Zettel gesehen hatten, stand ein Spruch mit Ruß an der Felswand geschrieben. Schweigend lasen sie:

Hold **each other** by the hands.
Stand close by your friends.
Go with time, go from here.
From here to there.
Trust time, **it'll take good care**!

"What? Who shall we trust? Time? Who would think of such nonsense?", empörte sich Tom.

"Just think about it!", sagte Jahne. "There's this big clock face, and on the wall is a riddle telling us to go with time. And? What's the **connection**?"

"That it's time to go, of course. That's what the riddle is telling us!", meinte Sophie und schon war sie im Gang verschwunden.

---

each other einander
trust vertraut
it'll take good care sie wird alle Probleme lösen
connection Zusammenhang

Jahne musste kichern. “Come back, Sophie. Somebody’s just having fun with us.”
Zögernd gehorchte Sophie. Der Gedanke, allein und ohne Licht den Weg zurück zum Leuchtturm finden zu müssen, war auch nicht gerade verlockend.
“What shall we do now?”, fragte sie ihren Bruder.
“We can just **play along** and see what happens!”, schlug Tom vor. “Come on! Let’s form a circle.” Aufmunternd streckte er ihr seine Hand entgegen.
Sophie rief nach Oscar und nahm ihn auf den Arm. Jahne fasste sie am Ellenbogen und schloss den Kreis. So standen die vier im Flackern der Kerzen und warteten gespannt. Doch es passierte nichts!

Schließlich hatte Jahne eine Idee. “**We’re supposed to** go with time. What time is it now?”
“Exactly **a quarter past** four!”, antwortete Tom.
“Help me move the **hands** of the clock. We’ll **set** them to four fifteen. Let’s wait and see what happens!”
Eilig drehten sie die Zeiger und stellten sich wieder erwartungsvoll Hand in Hand auf das Ziffernblatt. Aber es passierte immer noch nichts! Mit gelangweilter Stimme begann Tom den Spruch an der Wand laut vorzulesen.

---

play along mitspielen
we’re supposed to wir sollen
a quarter past Viertel nach
hands Zeiger
set stellen

"Hold each other by the hands.
Stand close by your friends.
Go with time, go from here.
From here to there.
Trust time, it'll take good care!"

Ein leichter Windhauch zog durch die Höhle und die Fackeln begannen zu flackern. Doch das war schon alles! Unsicher blickte Jahne zu Tom. Der zuckte nur mit den Schultern und starrte das Ziffernblatt an. Hörbar erleichtert seufzte Sophie und ließ Toms Hand los. Mit Oscar auf dem Arm lief sie zurück in den Gang, der sie in die Höhle geführt hatte. "Aren't you coming?", rief sie den anderen zu. Jahne zögerte einen kurzen Moment. Sie war enttäuscht.
"I don't know what I **expected** to happen. But **surely** more than that", murmelte sie und folgte Sophie. "Come on, Tom! There's nothing more **to be discovered**."
"Well, I think there is, but I don't know **how to continue**", gestand er und schloss sich den Mädchen an. Nacheinander stiegen sie die Treppe wieder hinauf und verließen den Leuchtturm.

---

expected erwartet habe
surely bestimmt, sicherlich
to be discovered zu entdecken
how to continue wie wir weitermachen sollen

Plötzlicher Kälteeinbruch

Ein eisiger Nordwind zog vom Meer her über den Strand, als Tom, Sophie, Jahne und Oscar durch die Leuchtturmtür ins Freie traten.

"Brrr, **it's freezing**!" Jahne verzog das Gesicht, als würde sie jeden Moment zu einem Eisklotz erstarren. Auch Tom und Sophie bibberten vor Kälte in ihren dünnen T-Shirts und den kurzen Hosen. Verwundert sahen die drei sich um.

Auf dem Meer trieben Eisschollen, und der Sand unter ihren Füßen gab nicht nach, er war gefroren. Dicke Schneewolken hingen über ihnen. Das schrille Kreischen hungriger Möwen durchdrang die eisige Luft.

Verwirrt blickten sie sich an. Endlich ergriff Tom das Wort: "If we don't leave **soon**, we'll **freeze to death**. Hurry up! Let's go!"

"But where to?" Sophie standen Tränen in den Augen und Jahne bemerkte ihre Verzweiflung.

"Let's get home fast, it'll be much nicer there, and maybe somebody will be able to **explain** to us what's happened."

---

it's freezing es ist eiskalt
soon bald
freeze to death erfrieren
explain erklären

Bibbernd brachen sie auf. Oscar lief vor ihnen her, was sie dazu anspornte, ebenfalls zu rennen. So wurde ihnen etwas wärmer, und die Kälte machte ihnen nicht mehr so zu schaffen.
Nach einiger Zeit tauchten in der Ferne Häuser auf: das vertraute Strandcafé, der Kiosk von Mrs Woodley und die ersten Häuser der Marine Parade. Hörbar erleichtert atmete Tom auf: "You see, it won't take long and we'll be warm again."
Hastig liefen sie die Böschung hinauf zur Straße. Doch diese war spiegelglatt. Jahne war die Erste, die auf die Nase fiel. Wie Schlittschuhkufen schlitterten die Sohlen ihrer Sandalen übers Eis. Sekunden später lagen sie alle auf der vereisten Fahrbahn und kamen nicht wieder auf die Beine. Oscar war am schlimmsten dran. Er rutschte hilflos auf dem Bauch übers Eis und fand nirgendwo Halt. Die Mädchen kicherten. Es war einfach zu komisch.
Auf allen vieren kroch Tom schließlich zu Oscar hinüber, nahm ihn auf den Schoß und schlitterte auf dem Hosenboden zurück zu Jahne und Sophie.
"What shall we do now?", fragte Jahne. "I just don't understand! Why is it suddenly so bitterly cold? It's July! I've never heard of …"
"Shush, be quiet for a **second**!" Tom hielt sich den Finger an die Lippen und spitzte die Ohren. "Do

second Sekunde

you hear that?", fragte er Jahne und Sophie. Die Mädchen schauten sich an und zuckten mit den Schultern.
"What do you mean?", fragte Jahne nach.
"Someone's whispering!"
Nun lauschte auch Jahne dem Wind. "He's right, Sophie!"
"You're too late ... too late ... too late ... late ..."
Jahne drehte sich in die Richtung, aus der die Stimme kam. Da! Ein Schatten huschte über den Pier. Doch noch ehe sie Sophie und Tom darauf aufmerksam machen konnte, war er verschwunden.
Plötzlich hatte Tom eine Idee. "I think **I've got it**! We have to go back to the lighthouse! We got the time wrong!"
"I don't understand", sagte Jahne.
"My watch is ten minutes slow. We got here too late", erklärte Tom aufgeregt.
"**Seriously**, you don't believe that those idiotic **magic** words have anything to do with this cold?", fragte Sophie ungläubig.
"Of course they do! I'm so stupid. If we'd set the right time, the treasure would've fallen directly at our feet. I'm sure!" Tom rannte los, so gut es eben

---

I've got it jetzt hab ich's
seriously im Ernst
magic magischen

auf dem vereisten Boden ging. "Let's go and try again!"
"Come on, Sophie. I really want to find out right now!", rief Jahne aufgeregt und zog Sophie mit sich zurück zum Leuchtturm. Sophie hielt Oscar noch immer fest an der Leine und zerrte ihn hinter sich her.
Jahne und Sophie erreichten kurz nach Tom den Leuchtturm. Sie waren völlig außer Puste. "At least I'm warm now", japste Jahne und atmete dreimal tief durch. Kaum hatte Tom die Klappe zur Treppe geöffnet, stürmten er und Jahne auch schon hinab in das Gewölbe. "Hurry up, Sophie! We need you down there!", rief Jahne ihrer Freundin noch zu, bevor sie in der Dunkelheit verschwand.

Viel schneller als beim ersten Mal erreichten sie die Höhle mit dem Ziffernblatt. Jahne half Tom den Zeiger umzustellen. Dann stellten sie sich mit Sophie und Oscar zu einem Kreis auf. Gemeinsam lasen die drei erneut den Zauberspruch von der Wand ab:

"Hold each other by the hands.
Stand close by your friends.
Go with time, go from here.
From here to there.
Trust time, it'll take good care!"

Kaum hatten sie das letzte Wort ausgesprochen, fingen die Fackeln wieder an zu flackern. Doch diesmal war es nicht nur ein leichter Windhauch, der mit den Flammen spielte! Eine eisige Böe fegte durch die Höhle und löschte die Lichter. So schnell, wie sie gekommen war, verschwand sie auch wieder. Stille beherrschte die Dunkelheit! Nur das Atmen der drei war zu hören und Oscars leises Jaulen. Sophie umklammerte Toms Hand, als wollte sie ihm alle Finger brechen.

Dieses Mal erholte sich Jahne als Erste von dem Schrecken. Sie drehte sich in Sophies Richtung und flüsterte: "Don't be scared, Sophie! There's a happy ending to this scary movie. Just **turn around** and you'll see what I mean!"

Tom, der Jahnes Worte auch gehört hatte, drehte sich gleichzeitig mit Sophie um.

"But that's **impossible**!" Toms Stimme hallte durch das Gewölbe. "How did this door get here? It wasn't there just **a minute ago**!"

---

turn around dreh dich um
impossible unmöglich
a minute ago vor einer Minute

Stille über dem Meer

Die Tür stand leicht offen, und ein schwacher Lichtstrahl fiel durch den Spalt auf den Boden.

“**I don’t care** where the door came from”, unterbrach Sophie ihren Bruder, bevor er wieder zu einem Vortrag ansetzen konnte. “I just want to **get out** of here.”

Sie stapfte mit forschen Schritten auf die Tür zu und zog Tom und Jahne hinter sich her. Nur Oscar wollte nicht so recht. Er stemmte sich mit den Pfoten gegen den Boden. Kurzerhand nahm Sophie ihn auf den Arm.

Hinter der Tür führte eine Treppe steil nach oben. Verwundert schauten die drei Freunde sich an.

“There seem to be hundreds of passages and stairs underneath the lighthouse!”, bemerkte Tom lakonisch.

Nacheinander stiegen sie die schmalen Stufen hoch, bis zu einer geöffneten Tür am Ende der Treppe, durch die helles Tageslicht fiel. Ohne zu zögern trat Sophie hinaus ins Freie. Kaum war Tom als Letzter durch die Tür gegangen, schlug diese auch schon zu und sie standen wieder am Strand.

Es gibt also noch einen unterirdischen Gang vom

I don’t care es ist mir egal
get out herauskommen

Leuchtturm an den Strand!, wunderte sich Jahne im Stillen.
“I wonder who **built** this passage? And why?”, unterbrach Sophie Jahnes Gedanken.
“Maybe the pirates built it **to make sure** no one saw them when **they sneaked into** the lighthouse at night. Who knows, maybe they **kept** all their **booty** in the room where we’ve just been. That’s how they could take their treasures **ashore without being seen**”, versuchte Tom die Gänge zu erklären.
“Whatever this passage **was meant for**, I’m really **glad** that we’ve gotten out of it **in one piece**! And **fortunately** it’s warm again.” Sophie war erleichtert.
Jahne schaute Tom verwundert an. “Your theory didn’t work out after all?”, flüsterte sie ihm zu.
“Well, maybe my watch isn’t exactly ten minutes late”, war alles, was ihm dazu einfiel.

---

built gebaut hat
to make sure um sicherzustellen
they sneaked into sie haben sich hereingeschlichen
kept hoben ... auf, lagerten
booty Beute
ashore an Land
without being seen ohne gesehen zu werden
was meant for bestimmt war
glad froh
in one piece heil, unverletzt
fortunately glücklicherweise

“Why don’t we go into town? I’m hungry”, schlug Jahne vor.
“Yeah, let’s go!” Sophie und Tom waren sofort einverstanden und so marschierten sie los. Oscar lief erwartungsvoll vor ihnen her.
Auf dem Weg in die Stadt unterhielten sich die drei die ganze Zeit. Sie waren unglaublich erleichtert. Tom und Jahne hatten Sophie gegenüber nicht zugeben wollen, dass ihnen die ganze Sache auch ziemlich unheimlich gewesen war. Doch Piraten, die vielleicht vor Hunderten von Jahren in dieser Gegend ihr Unwesen getrieben hatten, konnten ihnen keine Angst einjagen. Deshalb spekulierten sie eifrig darüber, wie es wohl gewesen sein musste, als Pirat über die Meere zu segeln, um dann mit unfassbaren Reichtümern an Bord in den Heimathafen einzulaufen. Doch plötzlich hielt Jahne inne.
“Do you hear that?”, fragte sie mit flüsternder Stimme.
“I don’t hear a thing!”, antworteten die Geschwister wie aus einem Mund und fingen an zu lachen. “You won’t be able to scare us with that again!”, meinte Sophie.
“That’s what I mean! I don’t hear anything **either**. No **voices**, no children crying ... you can’t hear a

either auch (nicht)
voices Stimmen

thing!", sagte Jahne, ohne auf Sophies Worte einzugehen.
Jetzt fiel es auch Tom und Sophie auf.
Ungläubig sahen die drei aufs Meer hinaus. Nichts. Kein Rauschen der Wellen, kein Möwenschrei. Nichts. Es herrschte absolute Stille.
Sophie zwickte ihre Freundin in den Arm.
"Are you crazy?", blaffte Jahne sie an. "Why did you do that?"
"I just want to make sure I'm not **deaf**!", rechtfertigte sich Sophie kleinlaut.
Keiner konnte sich erklären, was jetzt schon wieder passiert war. Bedrückt gingen sie weiter durch die Stille.
Nach einiger Zeit verließen sie den Strand und folgten der Hauptstraße, die zum Stadtkern führte. Noch immer begegneten sie keiner Menschenseele. Kein Auto fuhr an ihnen vorbei. Die Häuser am Straßenrand schienen alle verlassen. Selbst Mrs Woodley, die sonst immer vor ihrem Kiosk stand und mit den Passanten tratschte, war nicht zu sehen.
Die Lautlosigkeit umhüllte sie wie dichter Nebel.
Plötzlich blieb Sophie stehen und deutete mit zusammengekniffenen Augen in die Ferne.
"Look over there! There's somebody running!" Ihre

---

deaf taub

Stimme hallte durch die Straße, obwohl sie nicht sehr laut gesprochen hatte.
In diesem Moment verschwand die schemenhafte Gestalt aber auch schon hinter einem Schuppen. Ratlos blickte sie zu Jahne und Tom. An ihren Gesichtern konnte sie erkennen, dass die zwei nicht wussten, wovon sie sprach.
"I saw a man, just over there!", erklärte sie und zeigte noch einmal in dieselbe Richtung. "He was wearing really weird clothes. It looked like a **tuxedo** or something. I only saw his back, but he looked like a fat penguin!"
"A penguin? Your **imagination** must be **running wild**. There are no penguins **around here**." Tom grinste über das ganze Gesicht.
Sophie verteidigte sich lautstark: "I didn't say that I saw a penguin. I said I saw a man who looked like one!" Hilfesuchend blickte sie zu Jahne. "And you didn't see anything either?"
"No, I didn't!" Jahne zuckte mit den Schultern. Sie erinnerte sich kurz an den Schatten, den sie auf dem Pier gesehen hatte, als sie bibbernd den Strand entlang gelaufen waren. Bei der Erinnerung an die plötzliche Kälte fuhr ihr erneut ein Schauer über den

---

tuxedo Smoking
imagination Fantasie, Vorstellung
running wild außer Kontrolle
around here in dieser Gegend

Rücken. Sie wollte Sophie nicht noch mehr Angst einjagen und behielt diese Erinnerung für sich.
Inzwischen sah sich Tom etwas genauer um. Vor einem Straßenschild blieb er stehen. Laut las er den Namen der Straße: "EDARAP ENIRAM!"
Erstaunt rissen Jahne und Sophie die Augen auf.
"Oh, no. **It's not over yet**!", stöhnte Sophie.
"Where are we?" Jahne verstand die Welt nicht mehr. "What's that supposed to mean?"
Ehe die Freunde noch Zeit hatten weiter zu rätseln, bogen fünf Männer in schneeweißen Anzügen und ebenso weißen Hüten um die Ecke. Jeder hielt eine Zeitung in den Händen und las aufmerksam darin, während sie im Gleichschritt einträchtig nebeneinander hermarschierten. Sie achteten nicht auf den Weg und nahmen keine Notiz von Jahne, Sophie, Tom und Oscar. Es schien, als würden sie schweben, denn ihre Schritte waren nicht zu hören.
Ungläubig starrten die drei Abenteurer diese merkwürdigen Gestalten an. Sie kamen immer näher! In letzter Sekunde, kurz vor dem Zusammenprall, sprangen Sophie, Jahne und Tom zur Seite. Oscar jaulte kurz auf, als Tom ihn unsanft am Halsband wegzog.
"Did you see those **newspapers**?", fragte Jahne, als

It's not over yet! Es ist noch nicht vorbei!
newspapers Zeitungen

sie Schutz hinter einer Häuserwand gefunden hatten.
"I couldn't read a word!"
"That wasn't a language. It was just letters put together in some crazy way!", gab Tom seinen Kommentar dazu.
Auch Sophie schüttelte den Kopf.
Sie blieben noch eine Weile im Schutz der Hauswand stehen, bis Tom schließlich einen Blick um die Ecke riskierte. Die Männer waren verschwunden. Zögernd wagten sie sich wieder auf die Straße.
Kurz darauf erreichten sie den Marktplatz. Jahnes Blick blieb an dem Zeitungskiosk hängen. Irgendetwas war anders. Vor dem Kiosk befand sich ein Ständer mit fein säuberlich zusammengelegten Zeitungen. Wie immer. Doch diese sahen genauso merkwürdig aus, wie die Zeitungen der Männer in den weißen Anzügen.
Neugierig blätterte Jahne eine durch. Sie fand kein einziges lesbares Wort. Verwundert legte sie die Zeitung zurück.
In diesem Moment fing Oscar leise an zu knurren. Jahne drehte sich zu ihm um. Sie wollte ihn beruhigen und beugte sich zu ihm runter. Sie fing gerade an, seinen Kopf zu kraulen, als sie den Grund seines Unmuts verstand.
Sophie stand plötzlich inmitten einer Schar Zeitung lesender Männer in weißen Anzügen. Unbemerkt hatten sie sich um sie versammelt und verbreiteten

eine bedrückende Stille, die sich über den ganzen Platz legte.
Jahne wagte nicht sich zu bewegen. Irgendetwas hielt sie davon ab, zu ihrer Freundin zu laufen.

Sophie blickte wie hypnotisiert auf die Schlagzeile, die nur ein paar Zentimeter von ihrer Nasenspitze entfernt war.

YRARBIL EHT NI KOOL

Sophie schien vor Angst erstarrt. Es dauerte nur wenige Sekunden, bis der Mann, der direkt vor Sophie stand, sich lautlos umdrehte und verschwand. Die anderen Männer folgten ihm. Ihre Zeitungen ließen sie sanft in den Papierkorb neben dem Kiosk schweben.

Jahne, die sich nicht getraut hatte, sich zu bewegen, solange die Männer in der Nähe waren, fischte eine der Zeitungen aus dem Papierkorb. Was hatte Sophie solche Angst eingejagt? Währenddessen war Tom besorgt zu seiner Schwester gestürzt und hatte ihr einen Arm um die Schulter gelegt.
"Sophie, are you all right? Can you hear me? Please, Sophie, say something!"
Sophie war kreidebleich. Ihre Stimme war kaum zu hören, so leise sprach sie. "The man! He wasn't breathing. The air **around him** was cold as ice. And his hands looked like wax!"
Jahne, die jetzt erst zu den beiden trat, hatte Sophies Worte nur zur Hälfte verstanden. "What's wrong with her?", fragte sie Tom.
"Oh, nothing really. She just got scared by those men!", spielte Tom Sophies Angst herunter. Er wollte Jahne nicht auch noch in Panik versetzen.
Um die Mädchen abzulenken, las er die Schlagzeile der Zeitung laut vor, die Jahne ihm reichte:

"YRARBIL EHT NI KOOL"

Trotz der beklemmenden Stimmung musste Jahne unwillkürlich lachen. "What's that supposed to mean?, fragte sie. "Can you please give me the newspaper?"
Ratlos drehte und wendete sie die Zeitung hin und

---

around him um ihn herum

her, dann fiel es ihr wie Schuppen von den Augen. Triumphierend sah sie Tom an.
"I've got it! You have to read it **backwards**! It says: Look in the library!"
Tom und Sophie sahen sie verwundert an.
"Well, great that you found that out. But what are we supposed to look for in the library?", wollte Sophie wissen, die sich zusehends erholte.
"I have no idea!", gab Jahne zu.
Aber Tom hatte eine Idee.
"Maybe we're supposed to look for the treasure in the library."
"Of course! The piece of paper said something about a treasure!", erinnerte sich Jahne.
"Yes, and the tunnel underneath the lighthouse led us to this weird town!", stellte Tom fest.
"So you really believe the treasure **exists**?"
"Do you have any other explanation for the weird things that have been happening? They must all be connected somehow to the treasure!" Tom wurde ungeduldig. "Just think about it, Sophie! Please!"
"Well, maybe!", lenkte Sophie ein. "But I know one thing for sure. I want to get out of here as fast as **possible**."

---

backwards rückwärts
exists existiert
possible möglich

"Let's at least go and find the library!", versuchte Tom sie umzustimmen. "If we don't find any **clues** that lead us to the treasure, I promise we'll go back right away!"
Zögernd willigte Sophie ein.
"But where is this library? And which library should we go to anyway?" Fragend sah Jahne Tom an.
"Maybe the school library. And that **used to be** just **around the corner** ", spekulierte Tom.
Kurz darauf standen Tom, Sophie, Jahne und Oscar vor dem Schulgebäude. Sie gingen die Treppe zur Eingangstür hoch und staunten nicht schlecht, als sie feststellten, dass sie nicht alleine waren. Vor der Tür stand einer der weiß gekleideten Männer und las Zeitung.

---

clues Hinweise
used to be war früher
around the corner um die Ecke

Fliegende Boten

Ein schrilles Kreischen durchdrang plötzlich die Stille. Dann hörten sie das Schlagen von Flügeln. Wie aus dem Nichts kam eine riesige Möwe auf sie zugeflogen. Jahne, Tom und Sophie blieben wie angewurzelt stehen und sahen in den Himmel. Hoch oben kreisten zwei weitere Möwen. Fragend sah Sophie zu dem Mann hinüber, aber der schien nichts von dem, was um ihn herum vorging, zu bemerken. Selbst als sich eine der Möwen auf seine Schulter setzte, schaute er nicht von seiner Zeitung auf.

Die Möwe hielt etwas im Schnabel. Sie öffnete ihn, und mit leisem Klirren fiel etwas Glänzendes auf den Boden.

Die drei beobachteten den Mann eine Weile, ehe sie ihren ganzen Mut zusammennahmen und weiter auf die Schultür zugingen. Wieder war das Kreischen hoch oben in der Luft zu hören. Unruhig flatterte die Möwe auf der Schulter des Mannes mit den Flügeln. Dann schwang sie sich in die Luft und flog mit den anderen über die Dächer der Stadt in die Ferne.

Unbeirrt stand der Mann vor der Tür. Es schien, als würde er auf jemanden warten.

Mutig ging Jahne auf ihn zu. Sie stand nur eine Armeslänge entfernt vor ihm, als er plötzlich aufschaute und ihr mit stumpfem Blick direkt in die Augen sah.

Erschrocken hielt sie die Luft an, doch der Mann faltete nur seine Zeitung zusammen, drehte sich auf dem Absatz um und ging die Treppe hinunter, ohne sich weiter um sie zu kümmern. Als er an Sophie und Tom vorbeikam, konnte Tom ein Wort in der Schlagzeile auf der Titelseite erkennen. Fragend drehte er sich zu Sophie. "Did you see that, too?"
"Yes, I could read one word: SEMAN!", sagte Sophie aufgeregt.
Rasch liefen die zwei die Treppe hoch. Als sie vor Jahne standen, sprudelten die Worte nur so aus ihr heraus. "He didn't even **notice** me **although** I was standing **right in front of** him and he was looking at me. Isn't that weird?"
"Did you see the newspaper? Could you read anything?", fragte Tom interessiert, ohne auf Jahnes Frage einzugehen.
"Of course." Verständnislos sah Jahne ihn an.
"So?", fragte Tom erwartungsvoll.
"The whole **front page** was just one word ... seman!"
"That's right!" Sophies Stimme überschlug sich fast. "And if you turn that word around, it reads: NAMES! I am sure that we're supposed to look for a name. And that we'll find it in the library!"

---

didn't notice hat nicht bemerkt
although obwohl
right in front of direkt vor
front page Titelseite

"Exactly!", stimmte Jahne Sophie zu. "But how do we get into the **school building**? It's closed for the holidays, and I'm sure the **janitor** has **locked** everything **up**." Mutlos ließ Jahne den Kopf sinken.
"Hey, girls, look at this!" Triumphierend hielt Tom einen Schlüssel in die Luft.
"Where did you get that?", fragte Sophie verwundert.
"That's what the seagull was carrying in its **beak**. When it opened its beak, the key **fell** to the **ground**." Stolz betrachtete Tom den Schlüssel. "I **bet** it'll open this door for us!"
Mit diesen Worten steckte Tom den Schlüssel ins Schloss, drehte ihn um, und schon sprang die Tür auf. Mit einer einladenden Geste winkte er die Mädchen hinein. Oscar wartete gar nicht erst auf ein Zeichen und lief als Erster in das Gebäude.

"What are we looking for?", fragte Jahne mutlos beim Anblick der zahllosen Bände, die die Regale der Bibliothek bis unter die Decke füllten.

---

school building Schulgebäude
janitor Hausmeister
locked … up zugesperrt
beak Schnabel
fell fiel
ground Boden
bet wette

NERDLIHC
rof
SKOOB
TELMAH
TIBBOH EHT
SELAT YRUBRETNAC
SRETSIS NEVES
SUOIRETSYM
HEBCAM
TEILUJ DNA OEMOR
EOSURC NOSNIBOR
SLEVART S'REVILLUG
NIETSNEKNARF
SNWOD DNA XESSUS

"For a name!", erwiderte Tom leicht genervt.
Jahne stupste ihn an. "Well, have fun looking for it then! Just look around. We can't get through all these books. It would take years!"
"Exactly! And **what kind of** name are we looking for anyway?", mischte Sophie sich nun ein.
"**Dearest** sister, if I knew the answer to your question, we wouldn't have to look for it!"
Jahne hatte in der Zwischenzeit ein Buch aus dem Regal genommen. "Look at that!", rief sie den beiden zu. "All the words in this book are backwards too!"
"I expected **just that**", antwortete Tom cool. "After all, the words in the newspapers were written backwards, too. Let me think ..."
Tom setzte sich auf einen Stuhl, stützte nachdenklich den Kopf in die Hand und starrte die Regale an. Gelangweilt blätterten Jahne und Sophie ein paar Bücher durch.
Nach einer kleinen Ewigkeit sprang Tom plötzlich von seinem Stuhl auf und verkündete: "Great! I've got it! It's the lighthouse that's led us to this **place**, right? **Therefore** the name we're looking for must have something to do with a lighthouse!"

---

what kind of was für ein
dearest liebste
just that genau das
place Ort
therefore deshalb

"But what shall we do?", fiel ihm Sophie ungeduldig ins Wort.
"Let's just get all the books about lighthouses. I'm sure we'll find something that'll help us!", verkündete Tom voller Optimismus.
Systematisch schauten sie die Regale durch. Alle Bücher, die auch nur im Entferntesten mit Leuchttürmen zu tun hatten, stapelten sie auf dem großen Tisch in der Mitte des Lesesaals.
Erschöpft ließen sie sich schließlich auf die Stühle um den Tisch herum fallen und starrten auf den riesigen Berg, der sich vor ihnen auftürmte. Seufzend machten sie sich an die Arbeit.

Jahne hatte erst das dritte Buch aufgeschlagen, als sie aufgeregt aufschrie: "Look, I've found something!"
In Bruchteilen von Sekunden standen Tom und Sophie neben ihr. Jahne hielt ein Buch mit alten Sagen in die Höhe.
"Do you see that? There's one sentence that's written **the right way around**. It's the only one I've found **so far**: "Only what you can read will **lead** you **on**!"
"Well? And do you know what it means?", wollte Sophie wissen.

---

the right way around richtigrum
so far bisher
lead on weiterbringen, weiterführen

"But that's easy!", meldete sich Tom zu Wort. "The name we're looking for will also be written the right way around!"
"Okay. Let's hurry up and find it! I want to get out of here as soon as possible", drängelte Sophie.
In Windeseile sahen sie noch viele Bücher durch, aber sie fanden keinen einzigen Namen, den sie lesen konnten.
Erschöpft und enttäuscht saßen die drei auf ihren Stühlen. Draußen war es inzwischen stockdunkel, aber der Bücherberg war kaum kleiner geworden. Oscar hatte sich schon längst einen Platz unter dem Tisch gesucht und schlief friedlich.
"Okay, let's go home." Toms Stimme klang bedrückt. "We can't look through all these books anyway. It would **take** days, or even weeks. We should really go back now. It's getting late."
Müde erhob er sich, pfiff nach Oscar und ging zur Tür. Jahne und Sophie folgten ihm mit hängenden Köpfen. Es sah ganz danach aus, als sei ihre Suche nach dem Schatz schon zu Ende, bevor sie richtig angefangen hatte.
"Oscar, wake up! Come on, we're going home!", rief Tom dem noch immer selig schlummernden Hund zu.
Oscar schien ihn nicht zu hören. Tom ging zurück,

---

take *hier:* dauern

kroch auf allen vieren unter den Tisch und stupste Oscar an. "Hello, **sleepyhead**, wake up!"
Träge hob Oscar den Kopf, reckte sich und schleppte sich langsam unter dem Tisch hervor.
"Look at that! **This lazy guy**'s been sleeping on it!"
Tom kam unter dem Tisch hervor und hielt ein altes, in Leder gebundenes Buch in der Hand und begann, darin zu blättern.
"Yeah!", rief er völlig außer sich vor Freude. "I've got it! I've got the name!"
Aufgeregt hielt er den Mädchen das geöffnete Buch unter die Nase.

"RUDYARD PITHILL"

Übermütig schleuderte Tom das Buch durch die Luft und rief immer wieder: "We've got the name! We've got the name!"
Sogar Oscar war jetzt hellwach und stimmte mit lautem Gebell in Toms Jubel ein.
Jahne und Sophie ließen sich von Toms Freudentanz mitreißen, bis Jahne plötzlich innehielt. "Well, **but so what**? We **might have** the name now, but we **still** haven't got the treasure."
"Don't be such a pessimist!" Sophie schüttelte den

---

sleepyhead Schlafmütze
this lazy guy dieser faule Kerl
but so what na und?
might have haben vielleicht
still immer noch

Kopf. "Let's go back to the lighthouse. **If we're lucky**, we'll find our way back home. We can go to the public library tomorrow."
"Okay, let's do that. Maybe we'll find some information on Mr Pithill", stimmte Tom seiner Schwester zu.

---

if we're lucky wenn wir Glück haben

Die Rückkehr

Als Jahne, Tom, Sophie und Oscar das Schulgebäude verließen, war der Nachthimmel bereits tiefschwarz. Einige wenige Sterne blinkten zwischen den Wolken hervor. So schnell die Dunkelheit es zuließ, liefen sie zurück zum Strand. Unterwegs begegnete ihnen niemand, und selbst Oscar schien darüber froh zu sein.

Die vier ließen den Strand, das Meer und die Stille hinter sich und stiegen den unterirdischen Gang, der zum Leuchtturm führt, hinab.

Noch immer brannten die Fackeln und beleuchteten die Grotte.

“Remember your ten minutes!”, wies Jahne Tom an, der gerade die Zeiger des Ziffernblatts auf die aktuelle Uhrzeit drehte.

“I’m not stupid!”, konterte er. “It’s exactly **a quarter to** eleven.”

“I hope **you’ve done your maths right**!”, seufzte Sophie und schloss die kleine Tür hinter sich. Plötzlich erloschen die Fackeln.

“**Damn**, Sophie! Open the door! I can’t see the clock’s hands!”, rief Tom verärgert. Oscar winselte

---

a quarter to Viertel vor
you’ve done your maths right du hast dich nicht verrechnet
Damn Verdammt!

leise und suchte Sophies Nähe. Sophie strich ihm über den Kopf, drehte sich um und wollte nach der Türklinke greifen. Doch sie griff ins Leere. Vorsichtig tastete sie die Wand ab.
"The door's **disappeared** ", flüsterte sie irritiert.
"That's nonsense! Wait a second, I'm coming", sagte Jahne und kramte in Toms Rucksack nach der Taschenlampe. Sie richtete den Lichtstrahl in die Richtung, aus der Sophies Stimme kam. Als auch sie die Tür nicht sah, war sie verwirrt. "She's right, Tom. The door's disappeared!"
"That doesn't matter. I just couldn't see anything for a minute. Well, we didn't want to go up again anyway, did we?", fragte er. "Come on! Let's stand in a circle again."
"I can't read the magic words. I need some light!" Panik lag in Sophies Stimme. Sie ließ Jahnes Hand los und trat näher an die Wand heran. "The magic words have disappeared, too! Jahne! Tom! Do you remember the words? Quick, **I can't stand** being here one more second!"
"Get back in the circle. I remember the words." Jahne reichte ihr die Hand und hielt sie ganz fest. Dann flüsterte sie Tom und Sophie den Text zu. Gemeinsam riefen sie so laut sie nur konnten:

---

disappeared verschwunden
I can't stand ich halte es nicht aus,

"Hold each other by the hands.
Stand close by your friends.
Go with time, go from here.
From here to there.
Trust time, it'll take good care!"

Kaum hatten sie das letzte Wort ausgesprochen, rief Tom auch schon: "Over there! Do you see the passage to the lighthouse?" Er richtete den Lichtkegel seiner Taschenlampe auf die Öffnung in der Wand.
Wie der Blitz lief Sophie los. "I can't wait to get out of this place", rief sie und verschwand im Dunkeln. Oscar rannte hinter ihr her und wedelte aufgeregt mit dem Schwanz. Sein Kläffen hallte durch die Grotte. Jahne und Tom sahen sich erleichtert an und rannten ebenfalls los.
Wie erwartete führt sie der Gang direkt in das Innere des Leuchtturms.
Andächtig standen sie eine Weile neben der Herdstelle. Jahne brauchte einige Minuten, um wirklich zu begreifen, dass sie zurück in ihre alte Welt gefunden hatten. Erleichtert umarmte sie ihre Freundin.
"**Honestly**, I have to **admit** that I was a little scared. But you were even more scared than I was!", flachste sie und ihr erleichtertes Kichern hallte in dem Gemäuer. Plötzlich verstummte sie. Sophie

---

honestly ehrlich
admit zugeben

schüttelte sich noch immer vor Lachen, als Jahne ihre Stimme zurückfand und fragte: “Tom, did you put up the old picture again?”, fragte sie.
“No, I just put it under that old bench to make sure it wouldn't get too dusty.”
“That was a very clever thing to do!”, lobte Sophie ihren Bruder.
“Are you sure?”, fragte Jahne noch einmal nach.
“Yes! But why do you ask? Is something wrong?”
“That's weird ... it's hanging on the wall again. But it's **upside down**! And I haven't **touched** it **since** it **slipped out of my hand**!”, beschwor Jahne und trat näher an das Bild heran. Sie nahm es von der Wand, um es richtigherum aufzuhängen, als sie eine seltsame Entdeckung machte.
“Look at this! There's a secret hiding place on the back of the **frame**!”, sagte sie erstaunt und schob den kleinen Haken aus der Metallöse, um es zu öffnen.
“Oh no!”, rief Sophie entsetzt. “**Give me a break!** No more **surprises** tonight!”

---

upside down auf dem Kopf
touched angefasst
since seit
slipped out of my hand mir aus der Hand gerutscht ist
frame Rahmen
Give me a break! Verschon mich!
surprises Überraschungen

Tom riss Jahne den Rahmen aus der Hand und fingerte umständlich den Zettel heraus, der in der Einkerbung versteckt war.
"**We haven't finished** looking for treasures **after all!**", rief er und faltete den Zettel auseinander.
"It's almost midnight. I'm sure our parents have called the police. We should get home as quickly as we can", ermahnte Sophie ihn.
"Come on, can you read it out loud?", forderte Jahne ungeduldig. Tom tat ihr den Gefallen.

"A **cedar** watches over the dead.
Like a **shield** it has been holding its arms
over the **graves**.
For more than 1,000 years.
The last **sunrays** of the longest summer
day hide the **goods** in the **shade**!"

"The cedar tree!" Jahne war plötzlich wieder hellwach.
"Tom, give me the picture!", forderte sie ihn auf.
Er reichte ihr das Bild und Jahne betrachtete lange den Baum im Hintergrund.

---

we haven't finished ... after all wir sind noch nicht damit fertig
cedar Zeder
shield Schutzschild
graves Gräber
sunrays Sonnenstrahlen
goods Güter, Beute
shade Schatten

"The text is about this cedar tree. I'm sure it has something to do with the treasure!", rief sie aufgeregt. "We must find the cedar tree!"
"Brilliant idea, Jahne!" Die Ironie in Toms Stimme war nicht zu überhören. "Are you going to search all of Britain to find one **particular** cedar tree?" Ungläubig schüttelte er den Kopf. "And who knows, maybe the cedar isn't even in Britain."
"**I've had enough!**", verkündete Sophie, riss Tom den Zettel aus der Hand und steckte ihn sich in die Hosentasche. Sie hatte die Tür schon erreicht, als sie sich noch einmal umdrehte und Jahne an ihre Seite winkte. "Let's go! We won't be able to find out **anything else** tonight. We'll have to wait till tomorrow, till the library is open."
"You're right", sagte Jahne und ging auf sie zu. "Come on, Tom. Let's go!"
Bevor sie durch die Tür ins Freie traten, hielt Jahne die Geschwister zurück. "**No matter** how much you want to, don't tell anybody about today! I don't want to **end up** in a **loony bin**!", bat sie eindringlich.

---

particular bestimmten
I've had enough! Mir reicht's!
anything else irgendwas anderes
no matter ganz gleich
end up enden, landen
loony bin Irrenanstalt

"Well, do you think *we* do?", gab Sophie eingeschnappt zurück. Gemeinsam traten sie hinaus und schlossen die Tür hinter sich. Oscar flitzte augenblicklich hinunter zum Strand. Sophies Rufe schien er nicht zu hören. Wie wild tollte er im seichten Wasser.

"Leave him alone, Sophie, I'm sure he's **fed up** with you always holding him", spottete Tom.

Wenig später erreichte Jahne die Longstone Road und wunderte sich, dass in der Nummer 18 kein Licht brannte. Sie hätte schwören können, dass ihre Mutter hinter der Gardine lauerte. Umso besser, dachte sie, dann kann ich mich wenigstens unbemerkt ins Haus schleichen.

Verwundert registrierte sie, dass die Haustür zweimal abgeschlossen war. Das war nun mehr als merkwürdig. Seit wann schlossen ihre Eltern die Tür ab, wenn sie schlafen gingen?

Im Dunkeln tastete Jahne sich in die Küche. Als sie den Kühlschrank öffnete, um sich nach irgendetwas Essbarem umzusehen, fiel Licht auf den Küchentisch. Sie sah die Schüssel mit dem Obstsalat und dem Zettel daneben. Als sie das Deckenlicht angeknipst hatte, las sie die Zeilen ihrer Mutter, die offensichtlich an sie gerichtet waren.

---

fed up hat es satt

"Hallo, Schatz! Papa und ich sind mit den Eltern von Tom und Sophie und mit Familie McCandlish ins Theater gegangen. Lass es dir schmecken! Gruß, Mama."

Jahne fiel ein Stein vom Herzen. Ihr nächtlicher Ausflug war gar nicht aufgefallen! Wahrscheinlich saßen in diesem Moment noch alle bei den McCandlishs auf der Terrasse und zerpflückten verbal die Aufführung.

Zufrieden über den Ausgang ihrer nächtlichen Wanderung machte Jahne sich über den Obstsalat her. Sie fischte die köstlich süßen Ananasstücke heraus und als sie keins mehr fand, genoss sie die kleinen Melonenkügelchen. Als plötzlich das Telefon klingelte, erschrak sie. Wer ruft denn jetzt noch an?, wunderte sie sich. Zögernd nahm sie das Gespräch entgegen und nuschelte mit vollem Mund: "Hello. Jahne speaking. Who is it?"

"Hi, Jahne! You sound like a **news reporter** on television", hörte sie Sophies Stimme. "We're lucky, aren't we? At least I won't have to tell my mum some story about being **kidnapped** by **aliens**!"

"It must be **fate** giving us a **sign**!", bestätigte Jahne.

---

news reporter Nachrichtensprecher
kidnapped entführt
aliens Außerirdische
fate Schicksal
sign Zeichen

"Yeah, well, all I wanted to know is if you can be at the pier by ten tomorrow morning. If we want to find the treasure, we should be at the library before lunch and start finding out about this Mr Pithill."
Jahne überlegte kurz. "Yeah, I'm sure I can **make it**."
"Good! See you tomorrow."
"Yeah, see you. Night, Sophie!"
"Good night, Jahne. **Sleep tight.**"

---

make it es schaffen
Sleep tight. Schlaf gut.

Geschichtsunterricht mal anders

Um Punkt zehn stand Jahne am nächsten Morgen am Pier. Während sie auf Tom und Sophie wartete, schaute sie den Touristen zu, wie sie ihr Glück an den unzähligen Spielautomaten versuchten. Das Klirren der fallenden Geldstücke und das Lachen der Vergnügungssüchtigen dröhnte über den Steg.
"Hey there, are you thinking of **spending** the treasure here?", begrüßte Tom sie fröhlich.
"Stupid! I really don't think all that gold would fit into these small **slots**", konterte Jahne. "Hello, Sophie! Did you sleep well?"
"I wish I could've slept longer", gähnte Sophie.
"Where's Oscar?", wunderte sich Jahne.
"Mum took him to the **vet** this morning", erklärte Tom.
"Oh, is he all right?", fragte Jahne erschrocken.
"Yeah, he's fine. He just had to get his yearly **vaccination**", beruhigte Sophie die Freundin.
"Well, then ... let's go!" Jahne klatschte dreimal in die Hände und lief munter Richtung Stadtkern.
"Do you really think we'll find any information on

---

spending auszugeben
slots Schlitze
vet Tierarzt
vaccination Impfung

Mr Pithill?", fragte Tom. "Maybe he was just a **tramp**."

"Maybe yes, maybe no." Sophie zuckte mit den Schultern. "Whoever he was ... we're going to learn more about him!"

"Maybe not!" Jahne war skeptisch. Irgendwie kam ihr diese andere Welt auf einmal so unwirklich vor. "Could be that someone put something into our cokes last night, and we were just dreaming."

"All three of us dreaming the same dream? You must be joking, Jahne!" Sophie klang erbost. "If you walked a bit faster, we just **might be able to** find out today!"

"Sophie, what's the matter with you?" Jahne wunderte sich sehr über Sophies plötzliche Eile.

"Nothing, we can hang out here all summer, if you want. But right now I really want to learn more about Mr Pithill! I don't want this story to **spoil** our whole holiday."

Mit diesen Worten stürmte Sophie davon. Jahne und Tom blieb nichts anderes übrig, als ihr zu folgen.

Tom setzte sich gleich an einen der Monitore, kaum dass die drei das obere Stockwerk der öffentlichen Bibliothek erreicht hatten. "Wow, isn't that great?

---

tramp Landstreicher
might be able to könnten vielleicht
spoil verderben

They've **saved** all the news on microfiche. And I was worried that they wouldn't let us see the old papers from the nineteenth century."
"Shush, Tom", zischte Sophie. "**Don't disturb** the others!"
Tom sah sich im Raum um, doch außer drei älteren Damen konnte er niemanden sehen. "Don't get on my nerves, Sophie. There's **hardly anyone** here!"
Sophie warf Tom noch einmal einen strengen Blick zu, dann gesellte sie sich zu Jahne, die an einem anderen Monitor die Lokalpresse des letzten Jahres durchsah.
"Can you please **move over**?", raunte sie der Freundin zu. "I don't want to get in Tom's way. He's so **grouchy** today." Sophie griff sich einen Stuhl, setzte sich neben Jahne und schaute ihr über die Schulter. "What are you looking for?", fragte sie neugierig, als Jahne die Titelzeilen des vergangenen Jahres auf den Bildschirm rief.
"Nothing special. To be honest, I still don't know much about Eastbourne. Maybe we should look at last year's news."
Schweigend lasen die Mädchen einen Bericht über

---

saved gespeichert
don't disturb störe nicht
hardly anyone kaum jemand
move over zur Seite rücken
grouchy griesgrämig

die Eröffnung eines neuen Einkaufszentrums, Kritiken von Konzerten und Theateraufführungen, die Unfallstatistik, lokale Sportberichte und Ähnliches. Nach einer Weile schaute Jahne auf.

"You know, just reading the **headlines** makes me understand why my parents want to live here. Nothing exciting ever happens around here. No **gang wars**, no **bank robberies** ..."

"Well, what did you expect? Eastbourne is a quiet little town. If you want scary stories, look at the news in London or other **cities**, like Birmingham or Glasgow."

"Good idea!" Voller Elan machte sich Jahne an die Meldungen der Londoner Presse.

Auf Zehenspitzen schlich Sophie wieder zurück zu ihrem Bruder und leistete ihm Gesellschaft. Er war gerade mit den Aufzeichnungen von 1848 beschäftigt.

"Have you found anything?", fragte Sophie.

"Not really." Tom klang frustriert. "We don't even know when Mr Pithill lived. And I haven't found anything interesting about the lighthouse, either."

"Don't give up, Tom!", flüsterte Jahne, die das Gespräch ihrer Freunde mitbekommen hatte. "I'm sure

---

headlines Schlagzeilen
gang wars Bandenkriege
bank robberies Banküberfälle
cities Großstädte

we're going to find what we're looking for! At least I am reading something interesting. I've found an **article** about a German **historian** who did **research** on stolen **medieval art**. **Too bad** he **died** last year, **otherwise** we could have asked him some questions."

"That's it!" Sophie stürmte zu Jahne und starrte auf den Monitor. "August 3rd. What a coincidence!"

"What are you talking about? This London newspaper is from August 5th." Jahne blickte Sophie verständnislos an.

"Right! And what day is it today?", fragte Sophie erwartungsvoll.

"August 5th!" Jahne ging ein Licht auf. "And it was August 3rd when we were inside the lighthouse **for the first time**. Exactly one year after this historian died!"

Jahne atmete tief durch. Tom las nun auch die Nachricht aus London.

"Jahne, have you finished reading the article?", fragte Tom ungeduldig.

---

article Artikel
historian Historiker
research Forschung
medieval art mittelalterliche Kunst
too bad schade (dass)
died gestorben ist
otherwise sonst
for the first time zum ersten Mal

“No, I haven’t. What does it say at the end?” Unruhig rutschte sie auf ihrem Stuhl hin und her.
Sophie war die Einzige, die der Artikel offenbar nicht in Aufruhr versetzte.
“I know this article!”, sagte sie gelassen. “Professor Wettstein from Heidelberg **spent** his whole life searching for **works of art** that had been stolen from the British **royal family**”, erklärte sie. “He was **mostly** interested in the ones that had disappeared during the 19th century. Just imagine, he **returned** thirty-six **missing** works of art to the Queen. They say that the last things he was looking for were two **porcelain figurines** stolen from the **Royal Pavilion** in Brighton in the 1840s. That’s why he came here. Anyway, he died of a heart attack on a **trip** to Long Man”, beendete Sophie ihren Vortrag.

---

spent verbrachte
works of art Kunstgegenstände
royal family Königsfamilie
mostly hauptsächlich
returned hat zurückgegeben
missing vermisste
porcelain figurines Porzellanfigürchen
Royal Pavilion *Der Königliche Pavillon wurde Ende des 18. Jahrhunderts erbaut und diente bis 1850 den englischen Königen als Residenz während ihres Aufenthaltes in Brighton. Heute ist er ein Museum.*
trip Ausflug

Tom schaute seine Schwester bewundernd an: "Sophie, you're amazing. How do you know all this?"
"Well, at least one of us didn't sleep in history class." Stolz reckte Sophie das Kinn in die Höhe.
Tom schlug ihr anerkennend auf die Schulter.
"This article says that the professor knew a lot about the **travelling routes** of the pirates. He thought that a **member** of the **court** had stolen the figurines. They think that he joined a band of pirates after he **ran away** from London." Tom machte eine bedeutungsvolle Pause, holte tief Luft, räusperte sich und fuhr fort. "And now **guess** who he was!"
"Mister Rudyard Pithill?", fragten die beiden Mädchen gleichzeitig.
"Right!", bestätigte Tom. "This article also says that pirate Pithill died in 1852 and that he was **buried** in Wilmington."
"I guess I know the little Wilmington **cemetery**", sagte Sophie zögerlich. "I saw it when we went on a **class trip** to Long Man last year. And I'm sure I can find it again."

---

travelling routes Reisewege
member Mitglied
court (Königs-)Hofes
ran away weggelaufen ist
guess ratet
buried begraben
cemetery Friedhof
class trip Klassenfahrt

"Well then, let's go to Wilmington!", rief Jahne ohne zu wissen, wo genau dieser Ort lag. "Maybe we'll find Mr Pithill's grave and then we can ask him where he **hid** the treasure." Jahne musste kichern. Die Vorstellung, mit einem Toten zu plaudern, gefiel ihr.

"Have you got enough money for the bus?", wollte Sophie wissen. "If you do, let's go right away. The **busride** won't take more than half an hour."

Tom und Jahne kramten in ihren Hosentaschen.

"I've got about seventeen pounds. That means I can buy **fish and chips** for all of us. I'm as hungry as a wolf!", gestand Jahne und fuhr sich demonstrativ mit der Hand über den Bauch.

"Well, let's go and get some food then. After lunch we'll go to Wilmington!", schlug Tom vor.

Unternehmungslustig verließen die drei die Bibliothek und stürmten die nächstgelegene Fish and Chips-Bude.

---

hid versteckte
busride Busfahrt
fish and chips Fisch und Pommes frites (englisches Gericht)

Im Schatten der Zeder

"**Delicious**!", schwärmte Jahne und steckte sich eines der panierten Fischstückchen in den Mund, während die Geschwister noch auf ihre Portion warteten. "I'm going to wait outside. I can't breathe in here", raunte sie den beiden zu und setzte sich auf die Bank vor dem Laden. Sophie kaufte vorsorglich noch zwei Flaschen Wasser und setzte sich kurz darauf zu Jahne.
"Can you move over a little?", bat Tom und setzte sich ebenfalls dazu. So saßen die drei mampfend und schwatzend in der Fußgängerzone und beobachteten die wenigen vorbeiziehenden Passanten.
"Half of Eastbourne is probably at the beach while we're looking for some treasure which might not even exist", bemerkte Tom mit einem langen Blick in Richtung Meer.
"You were the one who **was really into** this **treasure hunt**! What's wrong with you now?", fragte Jahne erstaunt.
"I think Tom would **rather** be swimming than **hiking**", bemerkte Sophie spitz.
"We'll have enough time for that before our holidays

---

delicious lecker
was really into ganz wild auf ... war
treasure hunt Schatzsuche
rather lieber
hiking einen Ausflug machen, wandern

are over. Come on, let's go now!", trieb Jahne Tom an, der längst aufgegessen hatte und immer müder zu werden schien.

Die halbstündige Fahrt nutzten alle, um die Beine weit von sich zu strecken und für einen Moment die Augen zu schließen. "**Why the hell** did we **choose** the hottest day of the year to go on a bus ride?", fragte Tom mit schwerer Stimme.

"Stop complaining!", war das Einzige, was Jahne dazu sagte.

"Next stop Wilmington – Long Man!", ertönte die Stimme des Fahrers und riss Jahne aus dem Halbschlaf. Müde rieb sie sich die Augen.

"Can you tell me what this Long Man is?", wollte sie wissen und schaute Sophie fragend an.

"Some man built from **blocks** of stone. You can **often** see such things in England. That is *the* tourist attraction around here!"

"And who built it?", fragte Jahne weiter.

"Nobody really knows, but they usually say that it was built during the **Iron Age**. But I'm not sure", gab Sophie ihr karges Wissen preis.

---

why the hell warum zum Teufel
choose (uns) ausgesucht
blocks Blöcke
often oft, häufig
Iron Age Eisenzeit

Der Bus hielt und Sophie, Jahne und Tom stiegen aus.
"Well, we can have a look at Long Man later. Let's go to the cemetery first", bestimmte Sophie.
"Are you sure this is the right place?", fragte Jahne skeptisch und blickte sich irritiert um. Der Busfahrer hatte sie an einem kleinen Bushäuschen mitten auf einer Landstraße aussteigen lassen. "This doesn't look like a tourist attraction to me. Where are the shops selling postcards, like **everywhere else**?", fragte sie verblüfft.
"Come on, Jahne, this is England, not Hollywood!", mischte Tom sich ein.
"Let's take this path on the left. It will lead us to the cemetery!", gab Sophie die Richtung vor.
"We're lucky that those old trees are big enough to give us some shade", freute sich Tom und marschierte los.
Jahne und Sophie bewunderten die kleinen Cottages mit ihren romantischen Vorgärten, an denen sie vorbeikamen. "Wow, I'd love to live in such a little house", schwärmte Sophie und schnupperte an den Rosen, deren Triebe weit über die Gartenzäune hingen. Tom dagegen war schon einige Meter vorausgeeilt und spornte die trödelnden Mädchen an. "Hey, girls, hurry up. **The sooner** we find our

---

everywhere else an allen anderen Orten

treasure, **the sooner** you can buy one of these houses."

Jahne und Sophie gingen ein bisschen schneller und schlossen wieder zu Tom auf. Gemeinsam erreichten sie den alten Kirchplatz, den knorrige Bäume und verwilderte Sträucher vor allzu neugierigen Blicken schützten. Nur eine angelehnte Pforte in einer verwitterten Mauer gab den Blick auf eine kleine, verwahrloste Kirche frei. Die Scharniere quietschten, als Tom die Tür aufstieß und hindurchtrat. Vorsichtig stieg er über die Brombeerzweige, die den schmalen Trampelpfad überwucherten. Jahne und Sophie folgten ihm neugierig. Als Sophie um die Kirche herumgegangen war, blieb sie abrupt stehen und sog zischend die Luft ein.

"What's the matter?", raunte Jahne.

"The cedar tree!", antwortete Sophie und zeigte auf eine riesige Zeder, die inmitten der verwitterten Grabplatten stand. "This must be the cedar tree we've been looking for!", sagte sie andächtig.

"Amazing! It must be **ancient**! Just look at its **roots**!", rief Tom und bestaunte die dicken Wurzelstränge, die die Erde angehoben hatten und sich ihren Platz zwischen den Gräbern schufen. Er trat

---

the sooner … the sooner je eher … desto eher
ancient uralt
roots Wurzeln

näher an den Baum heran. Sophie und Jahne folgten ihm.
Jahnes Blick blieb an einer Grabplatte haften. Sie wunderte sich über den glatten Stein, dem die Witterung der vergangenen Jahre scheinbar nichts hatte anhaben können. Sie trat näher und strich vorsichtig über den kalten Marmor. Aufmerksam las sie die Inschrift. Erschrocken sprang sie zurück und wäre fast in einen Brombeerstrauch gestürzt.
“Hey, Jahne, we didn’t come here to **pick** berries!”, rief Tom, der es sich zwischen zwei ausladenden Ästen der Zeder gemütlich gemacht hatte.
“Sophie! Tom! Quick! Get over here!”, rief Jahne aufgeregt und schüttelte sich angewidert. “I’m standing on the grave of ...”
“Rudyard Pithill!”, ergänzte Sophie den Satz und starrte nun ebenfalls auf die Marmorplatte.
“**Born** in 1810, died in 1852”, las Tom laut vor. “We’ve got you, Mister!” Zufrieden stemmte er die Hände auf die Hüften und schaute die Mädchen triumphierend an. “Sophie, let me see the note so we know where to **dig**”, forderte er seine Schwester auf.

---

pick pflücken
born geboren
dig graben

"Oh no, it's in my other pair of jeans!", fluchte Sophie.
"I can't believe it! Why didn't you bring it along?", fragte Tom barsch nach.
"How should I know we'd find the old cedar tree **here, of all places**?", fragte Sophie schnippisch.
"**Stop arguing**!", bat Jahne und lächelte die beiden an. "The exact words aren't that important. We know what the paper said, don't we?"
"Yeah, sure!", stimmte ihr Sophie zu. "All we have to do is **figure out** how tall the cedar was in 1852. Then we …"
"Oh, Sophie", stöhnte Jahne auf. "Stop making things **more complicated** than they are. We don't need any difficult **calculations**. If we search in a **radius** of a few metres, we should find the place where the treasure is buried."
"**I don't get your point**", sagte Tom.
"Let's say that **sunset** is at nine thirty. Where will the sun be by then?" Jahne schaute Tom fragend an.

---

here, of all places gerade hier
Stop arguing. Hört auf, euch zu streiten.
figure out ausrechnen
more complicated komplizierter
calculations Berechnungen
radius Umkreis
I don't get your point. Ich verstehe nicht, was du meinst.
sunset Sonnenuntergang

"Somewhere near the church's **entrance**", überlegte Tom.
"Yes, I think you're right. And now all we have to do is to imagine a **straight line** from the church's entrance to the cemetery wall. Isn't that what you mean, Jahne?", fragte Sophie.
"Right!"
"And how do you know if the treasure is hidden in front of the wall or far behind it?", hakte Tom nach.
"We'll just have to dig and dig until we find out."
"We can't dig in a cemetery **in bright daylight**!", rief Sophie entsetzt.
"Right, we'd better wait till sunset", stimmte Tom ihr zu. "That would make everything really exciting. Whoowhoo ... I can already hear the ghosts flying around us." Tom schauspielerte noch ein bisschen herum, während Jahne bereits bei der Kirche nach einer Schaufel suchte.
"And what are we going to dig with?", fragte sie, als sie kurz darauf zu Tom und Sophie zurückkehrte. "I couldn't find a spade or anything like it."
"We should've brought Oscar with us. I'm sure he would have found the treasure right away and dug for it, too", sagte Tom mit Bedauern.

---

entrance Eingang
straight line gerade Linie
in bright daylight am helllichten Tag

"Wait a moment!", bat Sophie und flitzte vom Friedhof. Kurz darauf kehrte sie mit einem großen Spaten in der Hand zurück.
"Here you are!", sagte sie und reichte ihn Tom. "Jahne and I are going to **keep watch** while you dig", bestimmte sie.
"Where did you get it?", fragte Tom erstaunt.
"Well, it was in one of the gardens. I saw it while I was smelling the wonderful **fragrance** of the roses!", erklärte sie poetisch.
Mit großen Schritten steckte Tom seine erdachte Linie quer über den Friedhof ab.
"Look at those **bricks**!", forderte Jahne ihn auf. "Maybe the wall wasn't there one hundred and fifty years ago, then **it wouldn't make sense** to dig in front of it."
"Yes, sure. I'm not stupid!", beschwerte sich Tom und schüttelte den Kopf.
Die Mädchen verließen den Friedhof, um ihren Wachposten zu beziehen. Möglichst unauffällig schlenderten sie vor dem Friedhof auf und ab. Sie schauten sich die umliegenden Grundstücke an und ließen den breiten Kiesweg nicht ganz aus den Au-

---

keep watch Wache halten
fragrance Duft
bricks Ziegelsteine
it wouldn't make sense wäre es nicht sinnvoll

gen. Als sich ihnen plötzlich ein Auto näherte, blickten sie sich erschrocken an.
"Quick, let's get off the road!", zischte Jahne und zog Sophie mit sich hinter einen dichten Busch. "The car is stopping right in front of the cemetery!"
Sophie wurde kreidebleich. "If Tom is caught, he'll have to go to **prison**. **As far as I know**, digging graves is a **crime**."
"Hey, **calm down**. Tom isn't digging **right in the middle** of the cemetery", versuchte Jahne ihre Freundin zu beruhigen.
"But what if there are graves at the back of the cemetery, too?", fragte Sophie zurück. Im selben Moment wurde sie noch bleicher. "This treasure hunt was such a stupid idea!", schimpfte sie leise vor sich hin.
"Shush!", zischte Jahne und hielt Sophie den Mund zu. Gebannt starrten sie auf den Mann, der aus dem Auto stieg.
Erleichtert seufzte Sophie, als sie sah, dass er den Friedhof nicht betrat, sondern lediglich gegen die Mauer pinkelte. "That's **disgusting**!", schimpfte sie und fing an zu kichern.

---

prison Gefängnis
as far as I know soviel ich weiß
crime Verbrechen
calm down beruhige dich
right in the middle direkt in der Mitte
disgusting widerlich

Erschrocken drehte sich der Fremde um, stieg in seinen Wagen und brauste davon.
"We were lucky!" Jahne stimmte in Sophies Kichern ein. "Maybe we should go and take turns with Tom. The poor guy must have dug through the whole cemetery by now."

"Hey, Tom. Have you found anything yet?", fragte Jahne und erfasste mit einem anerkennenden Blick die vielen Erdhügel. "You're great! My mum would **hire** you as a **gardener** right away, you're so fast!", lobte sie augenzwinkernd.
Tom unterbrach augenblicklich seine Arbeit. Er stützte sich auf den Spaten und wischte sich mit dem T-Shirt-Zipfel den Schweiß von der Stirn. "The soil is all full of roots. That doesn't make digging any easier", stöhnte er und drückte Jahne auch schon den Spaten in die Hand. "Here! Have fun!", wünschte er ihr, schnappte sich eine Wasserflasche und setzte sich auf die marode Mauer.
"Sophie, don't you want to keep watch any more?" Fragend zog er die Augenbrauen in die Höhe.
"No, I almost wet my pants a few minutes ago, when a car stopped in front of the cemetery", gestand Sophie zögernd. "And it doesn't look as if any-

---

hire anstellen
gardener Gärtner

body has been here for years. Why should it be any different today?"
"I guess you're right!", sagte Tom und schaute Jahne beim Hantieren mit dem Spaten zu. "Try behind the wall. I don't think there's anything on this side", riet er ihr aufmunternd.
Jahne warf den Spaten über die Mauer und wollte gerade selbst hinüberspringen, als sich ihr Fuß in einer freigelegten Wurzel verfing. Sie verlor das Gleichgewicht und landete kopfüber auf der anderen Seite der Mauer.
Tom lachte schallend und auch Sophie konnte sich nur mühsam ein Grinsen verkneifen. "Jahne?" Sophie beugte sich über die kalten Steine und reichte Jahne ihre Hand. "Come on! You don't need to hide!"
Jahne war weit davon entfernt, sich zu verstecken. Sie rappelte sich auf und schaute verdutzt auf ihre blutige Hand, mit der sie sich bei ihrem unfreiwilligen Sturzflug abgefangen hatte. "It's not as bad as it looks", versicherte sie und hielt sich mit der anderen Hand die Wunde zu.
"How could you cut yourself on soil?", fragte Sophie erschrocken, als sie Jahnes Verletzung sah.
"I **hit** something hard!", teilte die Sophie vielsagend mit. Sie verband ihre Hand provisorisch mit einem

---

hit bin ... gestoßen

Taschentuch und griff nach dem Spaten, kaum dass sie sich wieder aufgerichtet hatte.
"Wow, I think we've found it!", flüsterte sie andächtig und legte unter den neugierigen Blicken von Sophie und Tom eine eisenbeschlagene Truhe frei.
"That looks like a box full of **wine bottles**!", war Toms nüchterner Kommentar auf das längliche Ding, das Jahne da gefunden hatte.
"We haven't been looking for old wine for three days, have we?", fragte Sophie sichtlich enttäuscht.
Tom kniete sich neben die Grube und hievte die Truhe aus der Versenkung. Ungeduldig fingerte er an dem verrosteten Bügel des Schlosses herum.

"Come on!" - "Hurry up!", feuerten Jahne und Sophie ihn an.
Er umwickelte das Schloss mit einem Zipfel seines T-Shirts und zog kräftig an dem Bügel. Mit einem Ruck hatte er das Schloss entzwei und öffnete theatralisch die Kiste. "Tada! There it is! Our treasure!" Die Staubwolke, die ihm entgegen kam, brachte ihn zum Niesen.
"What's that?", fragte Jahne verwundert, als sie zwei Porzellan-Figuren erblickte.
"Dolls!" Tom war der Frust ins Gesicht geschrieben.
Vorsichtig nahm Sophie eine der beiden Figuren aus der Truhe und begutachtete sie von allen Seiten. "If

---

wine bottles Weinflaschen

this is what I think it is, we've made the **discovery of a lifetime**! The figurines!", hauchte sie in atemloser Spannung.
"You think ...!" Jahne wagte nicht auszusprechen, was sie dachte.
"Yes. I think these two **ladies** used to live in the Royal Pavilion." Sophie sprach so leise, als könnten ihre Worte die Figuren zerbrechen.
Tom sagte gar nichts mehr.

discovery of a lifetime sensationelle Entdeckung
ladies Damen

Eine sensationelle Entdeckung

Das Zwitschern der Vögel über ihnen bestätigte, dass die Zeit nicht stehen geblieben war. Auch der leichte Wind, der ihnen über die Wangen fuhr, war zu real, als dass es sich um einen Traum handeln konnte.
"**Pinch me**! I must be dreaming ...", bat Jahne Tom und rieb sich verwundert die Augen. Sophie stand noch immer mit der einen Figur in der Hand vor der Grube, als sie plötzlich Zweige hinter sich knacken hörten.
"Quick, put the figurine back in the box and let's get out of here!", zischte Tom. Vor Schreck hätte Sophie die Figur fast fallen gelassen, presste sie aber im letzten Moment gegen ihre Brust und sauste blitzschnell vom Friedhof. Tom schnappte sich die Kiste mit der anderen Figur und raste hinter ihr her. Bevor Jahne loslief, überlegte sie, die lockere Erde zurück in das Loch zu schieben, entschloss sich dann aber dagegen. Egal, Löcher kann ja auch ein streunender Hund buddeln!, dachte sie und rannte, so schnell sie konnte, den anderen hinterher.
Völlig außer Atem bogen die drei in den kleinen Feldweg ein, der vor ihren Augen auftauchte.
"What was that?", fragte Sophie keuchend.
"I hope nobody saw us!" Jahne saß der Schreck noch

---

pinch me zwick mich

immer in den Knochen. Vorsichtig drehte sie sich um und lauschte in die Stille. Als sie die befürchteten Schritte nicht hörte und auch sonst kein Anzeichen dafür, dass ihnen jemand gefolgt war, nahm sie Sophie die Figur aus der Hand und verstaute sie in der Kiste.
"Can you give me some **tissues**, Sophie?", bat sie mit ausgestreckter Hand.
Vorsichtig umwickelte Jahne die Porzellanfiguren mit dem Zellstoff und schloss die Kiste.
"How are we going to get them back home? We can't just get on the bus carrying this box."
"Why not?", fragte Tom. "Nobody will think there are stolen treasures in there."

"Well, I also think we should put them in a bag", gab Sophie zu. "One look at you two and everybody will know we've been digging somewhere", fügte sie hinzu und schaute vielsagend auf Toms und Jahnes dreckige Jeans.
"I have to wash my cut anyway. I can go to the **coffee shop** over there and ask them for a bag", schlug Jahne vor.
"Okay. We'll meet at the bus stop in fifteen minutes, all right?", fragte Tom.
"All right. See you there!", rief Jahne und marschierte den Hügel hinunter zum Café.

---

tissues Taschentücher
coffee shop Cafe

"Hello!", grüßte Jahne freundlich, als sie den Garten betrat und eine Frau mit Kellnerschürze auf sich zukommen sah.
"Excuse me, do you mind if I wash my hands here?", bat sie und streckte ihre Hände in die Luft. "I fell and now I look as if I've been digging through all of Britain!", erklärte sie lachend.
"No problem. I'll show you where the toilet is", bot die Kellnerin Jahne an und wies ihr den Weg.
Während Jahne sich die Hände wusch, überlegte sie, wie sie am besten an eine Tragetasche kommen konnte. Einfach danach zu fragen schien ihr zu verräterisch. Schließlich trug sie nichts bei sich, was unbedingt in eine Tüte gehörte. Noch immer grübelnd verließ sie den Waschraum. Als ihr der süßliche Duft von dem frischen Apfelkuchen, den die Kellnerin gerade auf einer Anrichte platzierte, in die Nase zog, kam ihr eine Idee.
"Hmmm, that smells delicious. **Do you also sell to go?**", fragte sie und kramte bereits in ihrer Hosentasche nach ihren letzten Pfundnoten.
"Yes, of course. Shall I **wrap** you a piece?", fragte die Bedienung und lächelte Jahne an.
"How much is it?", erkundigte sich Jahne.

Do you also sell to go? Verkaufen Sie es auch zum Mitnehmen?
wrap einpacken, einwickeln

"One twenty."
"All right. I'll have three, please." Nach einer kurzen Pause fügte Jahne hinzu: "Could you put it in a bag, please?"

"Hey, what's in your bag?", fragte Tom neugierig, als Jahne zu den beiden in den Haltestellenunterstand trat.
"**Freshly baked** apple pie!" Jahne reichte Tom und Sophie ein Stück und stellte ihr eigenes auf den Sitz. Vorsichtig legte sie die Truhe in die leere Tüte. "They fit! I was worried the bag would be too small."

"Hmmm, it's delicious!", schwärmte Sophie mit vollem Mund.
Jahne studierte den Fahrplan. "The bus comes in ten minutes. Shall we go home first or go **straight** to the police station?"
"What do you want to do at the police station?", fragte Tom und verschluckte sich an seinem Kuchen.
"Well, give them the treasure, of course!" Jahne blickte Tom verständnislos an. "What do you think we should do with it?"
"Maybe Tom wants to add the two ladies to his collection of toy cars. I'm sure they'd look great there!",

---

freshly baked frisch gebacken
straight direkt

neckte Sophie ihren Bruder und klopfte ihm heftig auf den Rücken. "But if he **chokes on** his apple pie, we can put the figurines on his grave", murmelte sie hinter vorgehaltener Hand.
"Aren't you funny today!" Tom stand auf und verließ das Häuschen.
"Come on, **I was just kidding**. I'd never put the figurines on your grave, **I swear**!", versuchte Sophie einzulenken.
"Can we please **decide** what to do **next**!", bat Jahne, um endlich zum entscheidenden Punkt zurückzukehren.
"So you really want to go to the police station?", fragte Tom und schüttelte den Kopf. "I don't like that idea. We'll just get a **handshake** from the **head of the police**. I was hoping for more than that."
"Well, what *were* you hoping for?" Sophie sah ihren Bruder herausfordernd an. "Meeting the Queen for dinner and getting some **medal of honour**?"
"Nonsense!" Tom verdrehte genervt die Augen.

---

chokes on erstickt an
I was just kidding. Ich hab nur Spaß gemacht.
I swear ich schwöre
decide entscheiden
next als Nächstes
handshake Händedruck
head of the police Polizeichef
medal of honour Ehrenmedaille

“Stop it! The bus is coming. Nobody needs to know we’re carrying around treasures.” Jahne strafte Tom und Sophie mit bösen Blicken.
Auf der Fahrt zurück verloren sie kein Wort mehr über ihre Fundstücke. Doch kaum waren sie aus dem Bus ausgestiegen, beratschlagten sie, was zu tun sei. Jahne beharrte darauf, zur Polizei zu gehen. Tom druckste herum, da sich aber auch Sophie Jahnes Vorschlag anschloss, willigte er schließlich ein.
Der diensthabende Polizist staunte nicht schlecht, als Jahne ihm die Truhe mit den beiden Figuren auf den Tisch stellte. Sophie wartete gar nicht erst, bis er sich die Figuren genauer angesehen hatte. Sie erzählte ihm sofort, dass es sich nur um die aus dem Königlichen Pavillon verschwundenen Figuren handeln könnte.
“Sorry, we aren’t a **lost property office**!”, erklärte der Polizist stocksteif.
Sophie schaute hilfesuchend zu Tom, doch der verdrehte nur die Augen.
“You could at least have a look at it!”, mischte sich Jahne schroff ein.
“Any problems, Tony?”, fragte ein anderer Polizist, der gerade den Raum betrat.
“These kids **are telling stories**”, erklärte Tony.

---

lost property office Fundbüro
are telling stories erzählen Märchen

"What's it about?", fragte der zweite Polizist und warf einen Blick in die Kiste.
Sophie erzählte nun von dem Artikel und hoffte, den Polizisten so zu überzeugen. Als sie am Ende angekommen war, nickte er: "I see. And now **you want us to** look after these figurines?"
"Well, where shall we take them? To Buckingham Palace?", bemerkte Jahne schnippisch.
"No, of course not", antwortete der Polizist und kramte in seinen Schubladen. "I'm going to give you an **official statement** that you **handed in** this box and the figurines. Later, I'll make a few phone calls and see what I can find out, okay?" Er notierte die Adressen und Telefonnummern von Tom und Jahne und versprach, dass er sich bei ihnen melden werde.
Enttäuscht verließen Jahne, Tom und Sophie die Polizeistation.
"And that's all?", ärgerte sich Tom. "The guy didn't even want to know where we found the stuff!"
"And I'm sure we can forget about a **reward** now", maulte Sophie.
"Let's wait and see. I'm sure the policeman will call us tomorrow", versuchte Jahne die Stimmung zu retten. "He seemed nice enough!"

---

you want us to wollt ihr, dass wir
official statement amtliche Bescheinigung
handed in abgegeben habt
reward Belohnung

Die drei beschlossen, vorerst ihren Eltern nichts von ihrem Fund zu erzählen. Sophie glaubte schon selbst nicht mehr so recht an die Ereignisse der letzten Tage. Es war einfach zu fantastisch. Niemand würde ihnen eine Geschichte abnehmen, in der eine geheimnisvolle Uhr, unheimliche Männer, ein längst verstorbener Pirat und eine Möwe eine entscheidende Rolle spielten. So einigten sie sich auf eine Version, die ganz und gar harmlos war und in der Oscar die Hauptrolle zukam. Und war daran nicht tatsächlich auch etwas Wahres? Schließlich hatte er sie mit seinem aufgeregten Bellen erst auf die Uhr im Leuchtturm aufmerksam gemacht.

Als auch dieser letzte Punkt endlich geklärt war, zog es sie mit aller Macht ans Meer.

"One more **rule** before we jump in!"

Mit ernster Miene nahm Sophie Tom und Jahne noch einmal beiseite, als sie am Strand angekommen waren.

"I've had enough of this treasure for today. And Tom, **don't you dare** bring up any **tin objects** from the bottom of the sea!"

"All right, I promise!" Tom reichte Sophie feierlich die Hand.

---

rule Regel
don't you dare untersteh dich
tin objects Gegenstände aus Blech

"Jahne?" Sophie sah ihre Freundin fordernd an.
"Yes, you're right. I promise!" Lachend schlug Jahne ein.
Den Rest des Tages verbrachten sie am Strand. Und obwohl sich Jahnes Gedanken ununterbrochen um die zwei Porzellan-Figuren drehten, biss sie sich auf die Zunge und verlor kein Wort mehr darüber. Auch am Abend, als sie mit ihren Eltern am Abendbrottisch saß, hielt sie ihr Versprechen und erzählte mit keinem Wort von ihrem aufregenden Tag.
Als sich Jahne am nächsten Morgen an den bereits gedeckten Frühstückstisch setzte, staunte sie nicht schlecht, als ihre Mutter ihr die Schlagzeile des Tages unter die Nase hielt: "**Return** of the **Goddess of Mercy**"
Aufmerksam las Jahne die erste Zeile des Artikels.

> "More than 150 years had to **pass** before the two Dehua porcelain figurines could **finally** be returned to the Royal Pavilion."

Sprachlos starrte sie auf das Foto in der Zeitung, das die zwei Figuren zeigte.
Noch ehe sie ein Wort sagen konnte, klingelte es an der Tür.

---

return Rückgabe
Goddess of Mercy Göttin der Gnade
pass vergehen
finally endlich

"Das werden Tom und Sophie mit der Direktorin des Königlichen Pavillons sein!", klärte ihre Mutter sie hastig auf. "Während du noch geschlafen hast, war hier jede Menge los. Reporter riefen an, irgendein Polizist und zu guter Letzt Sophie, die mir dann endlich erklären konnte, was passiert ist. Dich konnte ich ja nicht fragen, so tief und fest wie du geschlafen hast." Jahne entging der vorwurfsvolle Blick ihrer Mutter nicht, bevor sie zur Tür stürmte.

"I was right!", jubelte Sophie, kaum dass Jahne die Tür geöffnet hatte, und hielt ihr nun auch noch die Zeitung unter die Nase.

"The whole story is going to be in the paper tomorrow! Have the reporters already been here?", fragte Sophie und schaute sich neugierig um.

"**Slow down a little**, please!", bat Jahne. "I haven't **quite** woken up yet."

Den ganzen Vormittag gaben sich die Journalisten die Klinke in die Hand. Jahne, Tom und Sophie erzählten immer wieder die Geschichte, auf die sie sich geeinigt hatten.

Am nächsten Tag stand ihre Darstellung des Fundes in sämtlichen Zeitungen des Landes. In der Eastbourner Tageszeitung lasen sie:

---

slow down a little etwas langsamer
quite ganz, völlig

"Wilmington, **location** of the Dehua porcelain figurines!

Three teenagers have found the Dehua porcelain figurines which represent the Chinese goddess Guanyin, goddess of mercy. Following their dog Oscar, **who was chasing a tennis ball** they had thrown too far, **they** suddenly **came across** a box from the 19th century which **contained** the figurines. It was buried behind Wilmington's old cemetery wall. The director of the Royal Pavilion has **expressed** her **heartfelt** thanks for its return. The three teenagers have received **lifelong free admission** to the Royal Pavilion and a reward, **the amount of which** has not been **stated**.

---

location (Fund-)Ort
who was chasing a tennis ball der einem Tennisball hinterherlief
they came across stießen sie auf
contained enthielt
expressed geäußert
heartfelt herzlich
lifelong lebenslangen
free admission freien Eintritt
the amount of which deren Betrag
stated angegeben

Stolz betrachteten die Freunde das Foto, das den Artikel schmückte.
"You should have held the goddess straight!", neckte Tom Jahne und knuffte sie freundschaftlich in die Seite.
"And you could've taken your hands out of your pockets!", konterte Jahne und lächelte zufrieden.